홍대앞으로
와

엮은이_ 이동준

번역가, 출판기획자, 칼럼니스트. 고려대학교 독문학과와 동 대학원을 졸업하고 베를린 훔볼트대학교에서 드라마이론과 문화이론을 공부했다. 독일에 체류하는 동안 《런치박스(Lunch Box)》 《페이퍼(Paper)》 등 국내 여러 잡지에 독일문화에 대한 칼럼을 연재했다. 옮긴 책으로는 『광기와 우연의 역사 2』 『광기와 우연의 역사 3』 『위트상식사전』 『촛대의 전설』 『인간은 어떻게 개와 친구가 되었는가』 『서기 1000년의 세계』 『오류와 우연의 과학사』 등이 있고, 지은 책으로는 『입쑥귀쑥 여행독일어』가 있다. 현재는 홍대 근처 옥탑방에 둥지를 틀고 독일의 언더그라운드 문화를 다룬 책과 연애심리에 관한 칼럼집 등을 집필하면서 홍대앞을 어슬렁거리고 있다.

홍대앞으로 와

초판 1쇄 인쇄_ 2005년 11월 20일
초판 1쇄 발행_ 2005년 12월 05일

글쓴이_ 류재현 외 16명
엮은이_ 이동준

펴낸곳_ 바이북스
펴낸이_ 윤옥초

주간_ 이혜경
편집1팀_ 이정아, 윤현주, 임종민
편집2팀_ 정세희, 변효현, 이평화
디자인부장_ 윤보승
디자인팀장_ 최승협
책임디자인_ 김영미
디자인팀_ 황성실, 이윤희, 김세희, 김승이, 김경란, 박은화

등록_ 2005. 06. 30 | 105-90-92811호
ISBN_ 89-957444-0-5

서울시 마포구 동교동 203-9 4층
전화 02)333-0812 | 팩스 02)333-9960
이메일 postmaster@bybooks.co.kr
홈페이지 www.bybooks.co.kr

값 12,000원

바이북스는 책을 사랑하는 여러분 곁에 있습니다.
독자들이 반기는 벗 – 바이북스

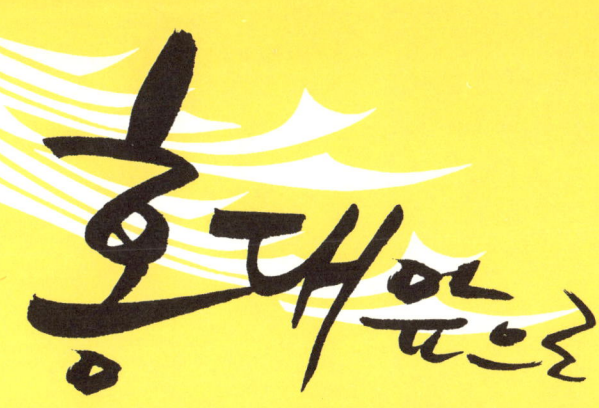

홍대앞으로

★류재현 ★배영준 ★김용진 ★서준호 ★김버드 ★백정호 ★소복이 ★권이중 ★김기자
★사토 유키에 ★서교365 모임 ★알렉 ★송정원 ★류한길 ★김작가 ★이제원 ★이채관

홍대문화

이동준 엮음

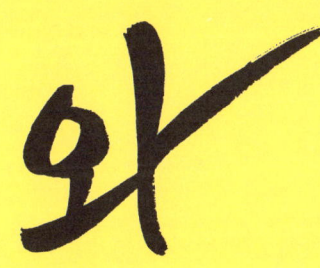

와

바이북스
ByBooks

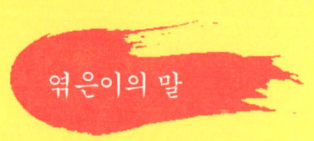

홍대앞에는 빈 구석이 많다

"오늘이 내 생일이야. 유경의 작업실에서 파티를 할 생각이니까 당장 달려와."

'롤링홀'에서 그룹 '클래지콰이Clazziquai'와 'W'의, 세 시간 동안 이어진 스탠딩 공연을 보고 난 뒤 '홍대앞' 주차장길을 터벅거리며 돌아오는데 알렉에게서 문자가 날아들었다. 어디에 가서 주린 배를 채울까 하며 궁리하던 친구와 나는, 갑자기 눈을 번뜩이며 편의점부터 찾기 시작했다. 일요일 저녁의 홍대앞에는 생각보다 많은 사람들이 북적대고 있었고, 편의점에는 와인이 이미 동이 나고 없었다. 편의점을 세 군데나 뒤진 끝에 병이 가장 예뻐 보이는 와인 한 병을 사들고, 우린 시완 레코드 건너편에 있는 서교동 365번지 허름한 건물

3층으로 쏜살같이 올라갔다. 알렉의 한국인 친구와 외국인 친구들이 집에서 직접 만들어온 요리들이 알렉의 친구인 유경의 허름한 작업실 한복판에 한 상 가득 차려져 있었고, 통닭 두 마리에서 김이 모락모락 피어오르고 있었다.

감성적 욕구와 지적 욕구의 강렬한 분출 속에서 간혹 깊이를 모를 존재적 허무까지 매달고 지냈던, 짙푸른 바다 속에서 튀어오르는 등 푸른 생선의 비늘처럼 빛나던 시절, 그 시절의 대부분을 보냈던 베를린에서 돌아온 내가 발붙일 수 있는 곳은 서울에 그리 많지 않았다. 그러던 내가 우연히 정착한 곳이 바로 홍대앞이었다. 그리고 다행스럽게 홍대앞은 대한민국의 다른 어느 지역보다 나 같은 이방인들에게 관대한 구역이었다. 베를린에 사는 8년 동안에도 허름한 뒷골목에 있는 카페나 공연장들을 뒤지며 언더그라운드 예술가들을 만나는 것을 즐겨온 나 같은 사람에게 이곳은 전혀 낯선 공간처럼 느껴지지 않았다.

베를린에 처음 도착했을 때, 한 독일인 친구는 베를린이란 도시를 내게 이렇게 정의해주었다.

"베를린은 말이지. 빈 구석이 아주 많은 도시야. 가난한 무명 예술가도, 동성애자나 트랜스젠더도, 채식주의자나 국수주의자도, 아니면 너처럼 피부색이 노란 사람, 혹은 검은 사람도, 잘 찾아보면 어딘가에는 자신이 스며들 수 있는 빈 구석이 하나쯤은 반드시 있어. 여긴 그런 곳이야."

그리고 그 이후 8년여 동안 내가 직접 겪어본 베를린이라는 도시는 정말로 어떤 취향을 지닌 사람이라도 어딘가에 반드시 숨쉴 수 있는 공간이 한군데쯤 있는 그런 도시였다. 서울로 돌아와서 홍대앞에 거처를 마련해놓고 살면서도 난 가끔씩 베를린을 떠올렸다. 당연한 일이다. 하지만 그렇다고 해서 베를린으로 돌아가고 싶단 생각은 들지 않았다. 그만큼 홍대앞에는 베를린 못지않게 빈 구석이 많았고, 다양한 문화가 숨쉬고 있었고, 그래서 편하게 느껴졌다. 불과 얼마 안 되는 시간 동안에 내가 나이와 국적을 떠나서 다양한 친구들을 사귀게 된 건 홍대앞이기 때문에 가능한 일이었다.

'홍대앞'은 '홍익대학교 앞'이 아니다?

홍대앞 문화와 사람들에 대한 책을 엮어내기 위해서 홍대앞 문화와 관련된 문화예술인들, 그리고 이곳의 문화를 즐기기 위해 찾아오는 다양한 사람들을 만나서 이런저런 이야기를 들을 때마다 나에게는 떨쳐버릴 수 없는 한 가지 의문이 머릿속을 맴돌았다. '홍대앞 문화'라는 것은 과연 '홍익대학교 앞의 문화'를 말하는 걸까? 만일 홍익대학교 앞이 아닌 다른 지역이었다면 우린 그 문화를 무엇이라고 불렀을까? 그래도 우린 그 지역의 이름, 심지어 그 지역에 있는 대학의 이름을 붙여서 그 문화를 말했을까?

결국 나의 의문에 대해 한 가지 해답을 준 사람은 류재현 씨였다. 그의 견해를 거칠게 요약하자면, 지금의 홍대앞 문화는 홍익대학교 앞이기 때문에 가능한 문화였다. 한 가지만 예를 들자면, 홍대앞 문화를 말할 때 빠질 수 없는 것이 바로 '클럽문화'이다. 그런데 클럽문화의 뿌리를 찾다 보면 결국은 홍익대학교 미대생들이 작업실을 학교 근처에 차리면서 시작된 독특한 공간들, 훗날 카페와 클럽으로까지 발전해가게 된 이 공간들을 언급하지 않을 수 없고, 이러한 작업실 문화야말로 지금의 '홍대문화'를 있게 해준 자양분이며 홍대문화의 뿌리라는 것이 류재현 씨의 견해다. 그리고 류재현 씨의 이러한 견해에 대해서는 홍대앞 사람들 가운데 상당수의 사람들이 공감했다.

하지만 지금 현재를 기준으로 놓고 볼 때, '홍대앞'이라는 지역은 단순히 홍익대학교 주변을 의미하지는 않는다. 주말이면 클럽데이를 찾아오는 수많은 타지인들과 외국인들 때문에 동아리 모임의 뒷풀이를 하고 싶어도 마땅한 장소를 찾기 어려운 홍익대학교 학생들에게는 미안한 이야기지만, 홍대앞은 홍익대학교 앞이지만 이제 홍익대학교 앞이라고만은 말할 수 없다. 인디문화의 산실, 젊은 예술가들의 둥지로서, 늘 끊임없이 새로운 문화가 실험되고 있는 이 활기 넘치는 구역에서는 다른 여느 대학가와는 다른 독특하고 묘한 기운이 날마다 뿜어져 나오고 있기 때문이다.

홍대앞으로 와!

이 책을 엮어가는 과정에서 가장 세심하게 주의를 기울이고 몸을 사렸던 부분이 하나 있다. 그것은 바로 이 책이 거창하게 문화이론을 들먹이는 책이 되지 않도록 하는 일이었다. 이 책은 홍대앞이라는 구역을 섣불리 '문화해방지구'로 정의하고 이론적으로 분석하기 위한 책이 아니다. 다만, 누구보다도 홍대앞과 오랜 시간 동안 인연을 맺어왔던 사람들이 소중하게 간직해온 서로 다른 경험, 서로 다른 의견들을 모아놓은 책이다. 주말이 되면 "우리 홍대앞에서 만나자"라고 말하고, 실제로도 자주 이곳을 찾아오는 사람들조차 알지 못했던 이야기들을 독자들에게 전해주기 위해 기획된 책이다. 여론의 잣대로, 혹은 잡지와 각종 언론의 르포 기사에서 외부인의 시각으로 다루어 지는 이야기가 아니라, 이곳과 직접 연관된 여러 사람들의 목소리를 있는 그대로 고스란히 담고 있는 아주 소박한 책이다.

  어떤 음식이 특별히 맛이 있어서 자꾸만 손이 간다면, 그 음식이 어떤 재료와 양념으로 어떻게 만들었는지에 대해 궁금해하고 또 누군가와 나눠먹고 싶은 마음이 생기게 마련이다. 홍대앞이라는 지역에서 현재진행형으로 벌어지고 있는 수많은 문화행사들, 그런 문화를 일구어온 사람들에 대해서 잘 알지 못했던 독자들이 이 책을 통해서 필자들과 교감을 하게 되고, 그래서 소위 말하는 '홍대문화'를 느끼고 즐기는 데 조금이라도 도움이 될 수 있다면, 이 책은 이미 그 역할을 충분히 하는 셈이라고 감히 자부하면서 이렇게 말하고 싶다.

"홍대앞으로 와"

홍대앞 옥탑방에서
엮은이 이동준

CONTENTS

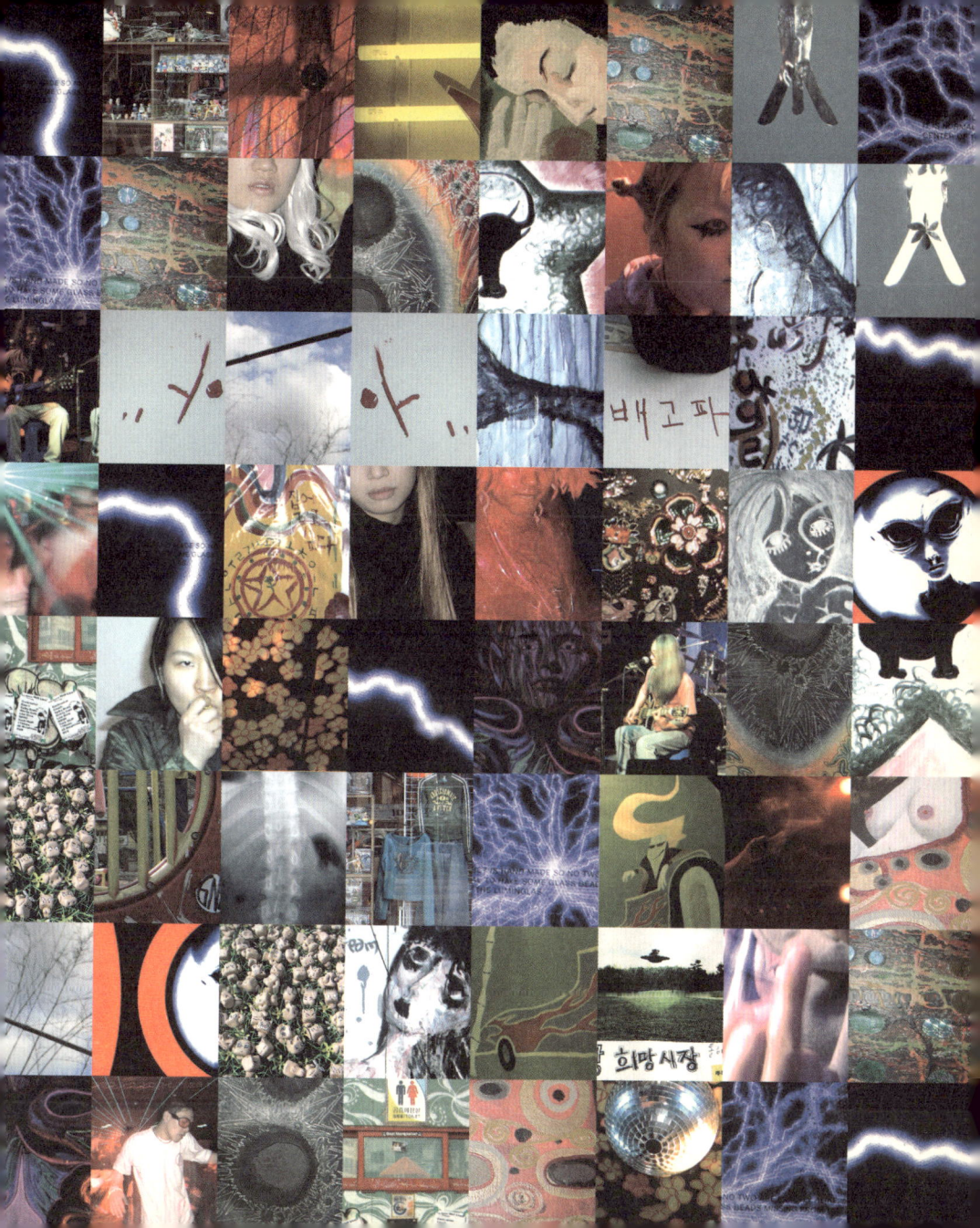

홍대앞
에피소드

epeisodos

〉〉〉류재현

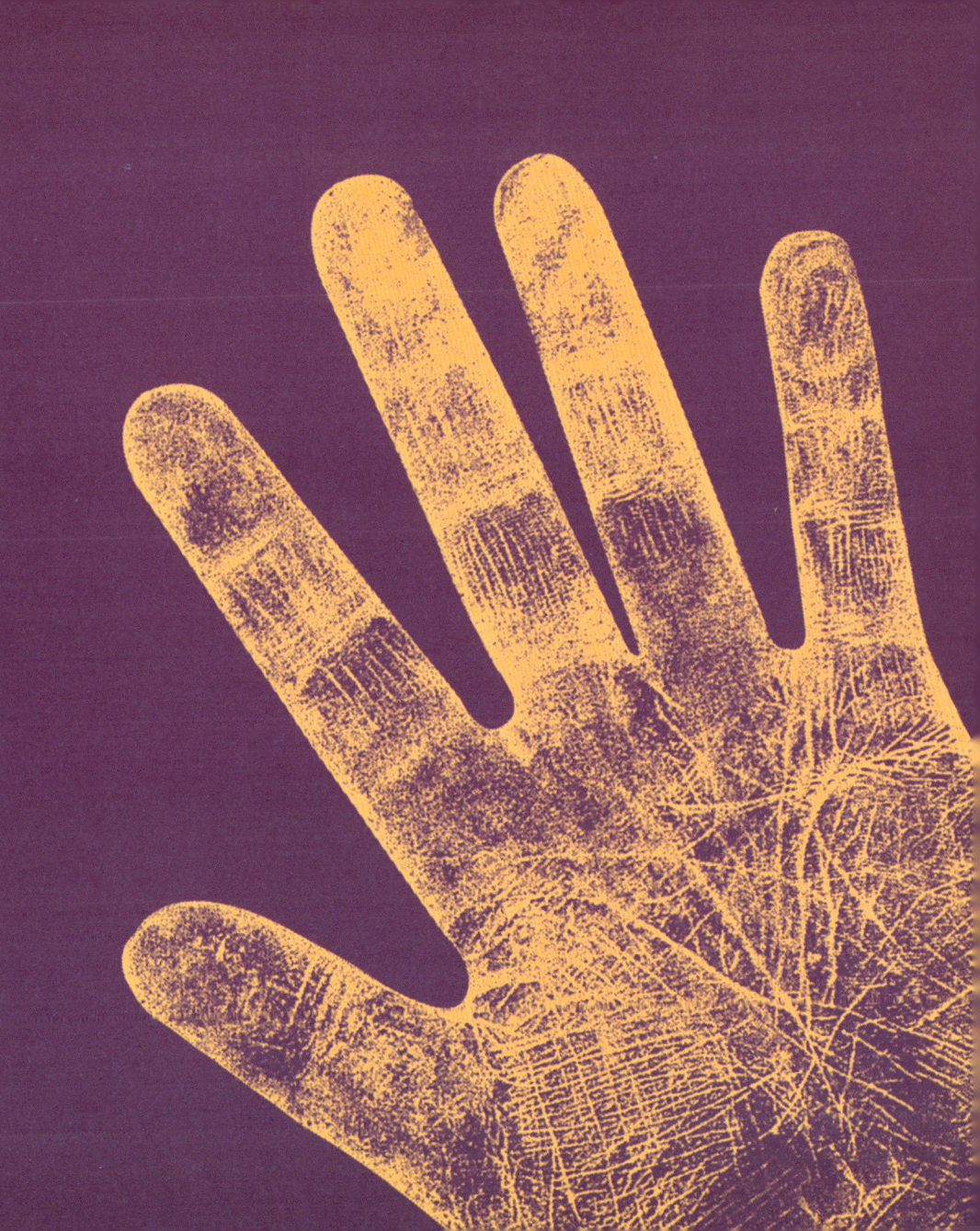

홍대앞에 없는 것

흔히 홍대앞에는 다음과 같은 것들이 없다고들 이야기한다.

첫째는 조직폭력배. 흔히 말하는 조폭이 실제로 홍대앞에는 없다. 지금처럼 상권이 커져가고 있는데 조폭이 없는 지역은 아마도 이 지역밖에 없는 것 같다.

둘째는 여관. 보통 지역의 문화환경적 척도를 말할 때 여관, 모텔이나 장, 호텔 등이 있는 곳은 문화환경적으로 아주 피폐한 지역이라고들 말한다.

셋째는 룸살롱. 접대를 하는 아가씨들이 나와서 술시중을 들어주는 룸살롱이 없는 것은 홍대앞이 비즈니스맨들을 위한 지역이 아니기 때문인 모양이다.

그리고 넷째는 호객꾼, '삐끼'가 없다. 업소의 영업을 위해 사람들을 끌어들이고 이를 통해 살아가는 사람들과 이러한 직종들이 없는 곳이 바로 홍대앞이다.

조폭과 관련해서 떠오르는 일화가 있다. 춤과 같은 매우 뜨거운 콘텐츠로 무장된 이곳 홍대앞 댄스클럽에 어찌 조폭이 관심을 갖지 않았으랴. 1990년대 댄스클럽이 호황을 누리던 시절, 일명 '배꼽바지 아저씨'들이 홍대앞 클럽에 떼거지로 들이닥친 적이 있었다. 사회적으로도 점점 널리 알려지고 있던 홍대앞에서 나이트클럽과 같은 영업적 이익을 생각하고 찾아왔을 터인데 그 모습이 참 희한했던 모양이다.

당시에 가장 영업이 잘되던 클럽 가운데 '명월관'이라는 곳이 있었다. 명월관이 홍대앞에서도 색깔이 분명하고 개성이 강한 클럽이

명월관

라는 사실은 당시의 클러버clubber라면 누구나 아는 사실이었다. 지금은 자취를 감추었지만 과거 우리나라의 대표적인 기생집인 명월관은 풍류를 즐길 줄 아는 돈 많은 사람들의 꿈의 장소가 아니었던가. 당시 홍대앞의 명월관은 실내 인테리어도 독특했다. 정자의 형상을 모티브로 한 DJ박스뿐 아니라 구석구석까지 우리나라의 전통문양을 본떠 디자인한 공간이었다. 바로 이곳에 우리의 배꼽바지 형님들이 행차하신 것이다. 손님들은 물론이거니와, 주인, DJ, 서빙을 하던 사람들 모두 불편해하는 상황이 벌어진 것은 당연한 일이었다. 혹시 사고라도 터지지 않을까 싶어서 모두들 몸을 사린 채 가슴을 두근거리고 있었다. 알 수 없는 침묵이 스물스물 명월관을 장악하고 있던 그 분위기……

하지만 결론부터 말하자면 그날의 사건 아닌 사건은 시시하게 끝나고 말았다. 배꼽바지 형님들은 '이거 뭐 이렇게 이상한 애들이 많아' 하는 듯한 표정으로 클럽 안의 사람들을 쳐다보았다. 그들로서는 우리와 같은 클러버들이 영 낯설고 이상하게 느껴졌던 것이다. 나이트클럽과 같은 분위기를 기대하고 들어왔던 그들에게 이곳에서 놀던 사람들은 정신이 이상한 아이들로 비쳤던 셈이다. 그들은 자기들끼리 피식거리고 웃으면서 음악도 형편없고 분위기도 영 이상하고 웨이터가 부킹도 해주지 않는다고 투덜거렸다. 정말이지 그들이 보기

에는 아무리 오래 앉아 있어도 볼거리도, 즐길 거리도 없는 곳이 바로 홍대앞 클럽이었던 것이다. 결국 꽈배기처럼 몸을 틀며 지루해하던 그들은 더 이상 견디지 못하고 자리를 뜨면서 마지막으로 이런 한마디를 남겼다고 한다.

"거 참, 어렵다."

이 말은 이후 조폭이 홍대앞에 남긴 유명한 말로 한동안 우리들 사이에 회자되었다. 사실 그날 명월관에 있던 친구들은 처음엔 당황도하여 서로 긴급 연락을 취하고 있었다.

"야, 너 혹시 싸움 잘하는 친구 있냐? 빽 있는 사람 좀 없어?"

서로 간에 정말 긴박하게 연락을 취하며 그들이 혹시 행패를 부릴 경우에 대비해서 대안을 찾고 있었는데, 역시 대안은 DJ에게서 나왔다. 눈엣가시처럼 보이는 그들에게 DJ가 선물해준 것은 다름 아닌 우리의 음악, 그중에서도 아방가르드 음악이었다. 우리 같은 클럽음악 마니아들도 소화하기 어려운 음악들을 그것도 메들리로 조폭들에게 날려주었으니, 오죽하면 그들의 입에서 "어렵다"는 말이 나왔을까. 지금에 와서 돌이켜보아도 정말 짜릿하고 즐거운 사건이었다.

홍대앞 사람들의 특성

감성으로 똘똘 뭉친 이곳 홍대앞 사람들은 모두들 나름대로 강한 개성들을 지니고 있다. 입고 다니는 복장이나 행동은 물론이거니와 그들의 생각을 표현하는 방식도 강렬하다. 어쩌면 하나같이 다들 그렇게 뚜렷한 개성들을 지니고 있는지 신기할 정도이다. 어느덧 홍대앞을 떠도는 유령으로 지낸 지 10년이 넘은 나로서 그들에 대해 나름대로 한번쯤 정리를 해보자면, 이곳에 출몰하는 사람들은 보통 다음과 같은 공통점을 지니고 있다. 물론 믿거나말거나 한 이야기이지만 말이다.

첫째, 홍대앞 사람들은 지극히 감성적인 사람들이다. 이곳에 오는 사람들은 지겹도록 반복되는 리듬을 가진 일렉트로닉 음악을 들으며 울고 웃고 춤을 추는 사람들이다. 이러니 어찌 감성적이지 않을까. 정말 작은 것에도 감동하고 새로운 에너지를 취하는 사람들이 바로 홍대앞 사람들이다. 그러니 당연히 그들에게서 나오는 에너지가 바로 예술이 아닌가 한다.

둘째는 의외로 부모님이 이혼한 사람들이 많다는 것이다. 뭐 지금이야 결혼한 부부 세 쌍 중에 한 쌍은 이혼하는 시대이지만, 어찌 이곳에서 만나는 사람들마다 가정환경이 그리 복잡한지 참 알 수가 없는 노릇이다. 다만 이러한 환경에서 자라난 사람들은 어쩌면 다른 사람들보다 더 많은 애정을 필요로 하는 것은 아닌가 하는 생각이 드는데, 그래서인지는 몰라도 이곳 사람들은 유난히 외로움을 많이 느끼고 또한 자신에 대한 배타성이 강하다. 자신에 대해 누군가 말을 해줄 때 칭찬을 해주면 좋아하지만 뭔가 잘못을 지적해주면 바로 돌아서서 적이 된다. 여하튼 한 가지 분명하게 말할 수 있는 것은 이곳에 있는 사람들 대부분이 아주 많은 사랑을 필요로 하고 있다는 사실이다.

셋째로, 이곳 사람들은 섹스를 아주 잘하고 좋아한다. 청춘남녀들이 섹스를 좋아하는 것은 아주 당연한 일일 수도 있지만, 내가 말하고자 하는 것은 그런 일반론이 아니다. 여기에는 아마도 두 가지 정도의 이유가 있는 것 같은데, 물론 믿거나말거나 한 이야기지만, 우선 이곳을 찾는 사람들 대부분이 춤을 좋아한다는 사실에서 그 이유를 찾을 수 있다. 춤을 추는 행위 자체는 이미 충분히 감각적이다. 춤을 추고 있는 사람들의 모습과 그러한 상황 자체도 쾌감을 얻는 일종의 섹스 아닌가. 음악을 흡수해가는 과정이나 그에 따르는 반응이 그렇고, 음악이 최고조에 달했을 때 우리가 춤을 통해 발산하는 몸짓 자체가 우리가 느끼고자 하는 오르가슴이 아니고 무엇이겠는가. 내 말을 인정하지 못하는 사람들에게는 한번 미친듯이 춤을 춰보라고 말해주고 싶다. 세나가 춤 살 추는 사람치고 뚱뚱한 사람이 없다. 물론 처음에는 뚱뚱한 사람들도 있을지 모르지만 매일, 아니 적어도 일주일에 한 번쯤 그렇게 열정적으로 춤을 추다 보면 6개월 후에는 다들 몸짱이 되어서 춤을 추고 있는 모습을 볼 수 있다. 좋은 몸, 날씬한 몸매, 섹시한 움직임, 에너지가 넘치는 그들이 섹스를 못한다는 것이 말이나 되는가. 여하튼 내가 아는 사람들 대부분이 섹스를 잘한다. 그것도 아주 잘한다.

넷째 공통점은 다들 주머니 사정이 안 좋다는 것이다. 그렇다고 해서 홍대앞 클럽은 가난한 사람들만이 오는 곳이란 의미는 아니고, 이곳 홍대앞 사람들의 관심사 자체가 돈보다는 감성, 하고자 하는 일과 같은 것이다 보니 돈이 많지도 않고 관심도 크지 않다는 의미이다. 물론 게으름을 탓할 수도 있지만, 여하튼 항상 사랑에 굶주리고 돈에 굶주린 것이 이곳 사람들의 모습인 것만은 부정할 수 없는 것 같다.

그 어느 날 홍대앞으로 왔다

주말마다 어디선가 밤을 새고 새벽녘에야 귀가하는 아들을 둔 부모님들은 그런 아들을 이해할 수 없을 것이다. 바로 우리 부모님이 그랬다. 무슨 이유인지는 몰라도 술도 안 마시는 아들이, 자라면서

홍대앞으로 와

弘大
文化

한 번도 말썽을 일으키지 않았던 아들이, 이미 성인이 다 되어서 주말만 되면 새벽에 귀가하는 이유를 부모님은 도저히 이해하지 못했다. 당시에 나는 남들과 마찬가지로 평범한 회사생활을 하고 있었고, 오로지 주말에 대한 기대감으로 한 주일을 버티곤 했다. 홍대앞 클럽 나들이가 기다리고 있는 주말 저녁을 생각하면 한 주일을 버틸 수 있었다. 여자친구는 없었지만 필요하단 생각을 해볼 틈도 없었다. 결혼 적령기가 이미 다 되었지만 내 머릿속에 결혼 계획 같은 건 들어 있지 않았다. 오로지 클럽에서의 클러빙이 전부였던 시절이었다.

이렇게 매주 이어져오던 주말행사에 대해 부모님은 물론 전혀 모르고 계셨다. 그러던 어느 날, 클럽에서 새벽까지 춤을 추고 돌아와 대문을 열고 들어서는데, 안방에 불이 켜져 있는 게 보였다. 그러고는 아니나 다를까, "잠깐 이리 들어와봐라"라는 아버지의 외침. 순간 온몸이 오싹해지고 뭔가 큰일이 생긴 것 같은 예감이 엄습했다. 아버지는 나와는 다른 방법으로 밤을 꼬박 새우셨는지, 안방에는 근심 가득한 기운이 넘칠 대로 넘쳐서 무거운 정적이 흐르고 있었다. "바로 앉아봐라" 하시며 아버지가 정색을 하셨다. 그러자 어머니가 마침내 말문을 여셨다.

"솔직히 말해라. 너, 노름하지?"

그때의 당혹스러움이란⋯⋯. 하긴 홍대앞 클럽을 내 집 드나들듯 돌아다니는 장성한 자식을 이해할 수 있는 부모님이 과연 대한민국에 계실까. 술 한 모금 안 마시고 지칠 줄 모르게 춤만 추고 새벽에야 돌아오는 아들을 어느 부모가 이해할 것인가? 난 문득 이런 생각이 들었다.

'한 달에 지출하는 택시비가 얼마지? 그 돈만 모아도 웬만한 집세 정도는 감당이 되겠는데?'

이후 나는 부모님의 울타리를 벗어나기 위한 계획을 본격적으로 실행하게 되었다. 당시 나는 정말 아무 일도 하지 않고 룸펜처럼 지내는 것이 가장 큰 꿈이었는데, 한번 마음을 먹은 이상 실행에 옮겨야 직성이 풀리는지라, 난 우선 동조할 만한 후배들을 동지로 삼아서 그렇게 집을 뛰쳐나왔다.

비올 때는 비가 와서 비만 보며 하루를 보냈고, 책이 보고 싶으면 책 보느라 하루를 보냈다. 그러면서도 어김없이 가던 곳이 바로 홍대 앞 클럽이었다. 그곳에는 항상 나를 반겨주는 사람들이 있었고, 무엇보다도 나를 가장 행복하게 만들어주는 음악이 있었다. 이제는 집에 가야 한다는 귀속성도 택시비도 걱정이 없는 상태. 이 모든 것이야말로 내가 바라던 가장 행복한 삶이었다.

클럽101에서 파티하던 날

　홍대앞 주민이 된 나는 집에 친구들을 모아서 이른바 하우스파티라는 것도 열게 되었고, 지금의 '클럽데이'를 기획해서 홍대앞 클럽들을 체계화시키고 클럽들이 서로 협조하면서 공생을 모색하는 데에도 어느 정도 일조를 했다. 돌이켜 생각해보면 힘든 일도 있었고 아픈 기억들도 많았지만, 무엇보다도 아쉬운 점은 지금의 클럽문화가 너무나 상업적이고 일률적인 방향으로 흘러왔다는 점이다. 난 적어도 클럽들에서 일주일에 한 번쯤 퍼포먼스나 밴드공연과 같은 이벤트가 계속 진행되기를 바랐고, 클럽마다 독특한 색깔을 지니고서 서로 다른 음악을 틀어주기를 바랐지만, 아쉽게도 이제 클럽들은 모두가 비슷한 음악을 틀어주고 비슷한 손님들이 찾아오는 그런 곳이 되어버린 것 같다.

　어느 날 요술램프 속의 지니가 내 앞에 나타나서 소원을 들어줄 테니 빌어보라고 한다면, 나에겐 빌고 싶은 소원이 딱 한 가지 있다. 1990년대 중반, '발전소'나 '황금투구', '상수도'와 같은 클럽들이 있던 그때 그 시절로 돌아가서 그 시절의 그들과 다시 한번 신나게 놀아보고 싶다. 그 많던 사람들은 다들 어디로 갔을까? 다들 어떻게 지내는지 정말 궁금하다. 남의 시선을 전혀 의식하지 않고 춤을 추던 사람들, 천장에 매달려 죽어라고 춤을 추던 사람들, 개성이 넘치다 못해 정신이 이상한 사람처럼 보이던 친구들, TV에서는 고상한 모습으로 출연하지만 클럽에만 오면 천진난만한 아이처럼 미친 듯 춤을 추던 유명인사들, 춤을 추다 눈을 떠보면 항상 옆에서 함께하던 사람들, 그들은 다 어디로 갔을까? 정말 그립고 보고 싶은 사람들이다. 비록 지금은 나이도 먹고 살아가는 무게에 짓눌려서 그 좋아하던 춤도 사람도 찾을 수 없는 상황들이겠지만, 정말 단 한 번이라도 그 당시로 돌아가 그때의 사람들과 함께 군무를 즐길 수 있다면 참 행복할 것 같다. 자! 이제 다시 한번 다 같이 모여서 파티 한번 벌여보자. 그때 그 사람들, 모두 모여라! 정말 보고 싶다!

　홍대앞 최초의 하우스파티가 열렸던 곳은 내가 가출을 해서 홍대앞에 얻은 집이었다. 2000년 4월 목련꽃이 만발하던 그날, 우리 101 레이버스 친구들의 몸짓도 활짝 피어서 이처럼 아름다운 파티가 만들어졌는데, 고등학생부터 직장인까지 사이트에서 조용히 함께 했던 친구들이 이날 모두 모였다.

류재현 아이디어 놀이터 '상상공장' 대표. '홍대앞 최초의 레이버'라고 자신을 소개하는 그는 대학에서 공업디자인을 전공했으며 광고회사 PD로 일한 적도 있다. 1990년대 말 'technogate'와 '101techno'라는 웹사이트를 운영하며 홍대앞에 테크노문화를 보급한 장본인이기도 하다. 홍대앞 지역문화행사인 클럽데이, 사운드퍼레이드, 댄스마니아인서울, 명동열대야축제, 서울사랑 컬처퍼레이드를 비롯해서 수많은 축제와 파티를 기획, 연출해오고 있다. 2001년, 지역문화개발 전문기획집단인 상상공장을 설립하여 지금까지 홍대앞 문화와 관련한 다양한 문화프로그램을 개발해오고 있고, 다른 한편으로 서울시정개발정책연구원에서 일하기도 했다. 제도권의 안팎을 종횡무진하며 홍대앞을 상상력 넘치는 놀이터로 가꾸기 위해 애쓰고 있는 숨은 일꾼으로, 그의 다음 행보는 어느 누구도 알 수 없다. raveman@hanmail.net

'나' 기자와의 인터뷰

놀이터의 비유를
말 하 다

Where the story ends 배 영 준

'나'는 배영준이라는 사람의 내면에 자리잡고 있는,

말하자면 그의 자아이다.

난 지금까지 그가 살아온 모든 세월을 지배해왔다.

그리고 그는 요즘 무척 바쁘다.

별 실속은 없지만 그래도 그는 지금까지 그가 살아온 세월 가운데

가장 바쁜 순간들을 살아내고 있다.

뒤를 돌아볼 여유도 없고,

미래를 내다볼 오지랖 같은 것도 없이 바쁜 나날들이다.

난 문득 지금 같은 시기에 한번쯤 그에게

그가 겪었던 가장 힘든 순간, 홍대에서 보냈던 한철을

상기시키고 싶어졌다. 그래서 그가 자신의 내면인 나의 얼굴을

다시 확인해주길 원했고 결국 자신이 어떤 사람인지 깨닫게 되는

놀라운 경지에 이르길 바랐다. 어느 한가한 오후,

나는 그에게 전화를 걸어 '나' 기자라는 이름으로

인터뷰를 요청했다. '나' 기자라는 내 소개에도 불구,

그는 아무것도 눈치채지 못했다. 이미 '나'라는 존재를 잊은 듯했다.

그는 매우 귀찮은 음성으로 한참을 튕기더니 결국은 '나'의 인터뷰에 응해주었다.

다음은 인터뷰의 전문이다.

弘
大
正
門

홍대 정문에서 조금 떨어진 카페, 그는 인터뷰 약속시간보
다 1시간 30분이나 늦게 도착했다. "아, 미안해요, 미안해.
내가 요즘 방송을 좀 많이 하거든. 소라하고 남PD라고 있는데, 이 사
람들이 자꾸 같이 밥 먹자고 붙잡는 통에……." 그의 사과에는 마치
어학연수 한번 다녀왔다고 한국말 억양까지 달라진 친구의 말투에서
느껴지던 일종의 거들먹거림이 섞여 있었다.

'코나Kona'라는 메이저 밴드에서 활동을 하다가 'Where the story
ends'라는 이름의 인디 밴드로 홍대 씬에서 활동, 그리고 다시 'W'
로 밴드명까지 줄여가며 어렵게 메이저로 복귀한 나름대로 파란만장
한 이력을 가진 그에게 일종의 인간적인 연민과 호기심을 가지고 있
었던 나는 순간 약간 맥이 빠져버렸다.

말끝에서 경상도 사투리가 묻어나는 어색한 하이톤으로 그는 에스
프레소를 주문했고 나에게 양해도 구하지 않은 채 곧바로 담배를 피

우기 시작했다. 주차를 마치고 뒤따라 들어온 매니저가 그가 리더로 있는 그룹 W의 CD 한 장을 건넸다. 예의상 나는 그에게 사인을 부탁했다. "아, 친한 사람끼리 어색하게 사인은 무슨……." 그와 내가 이렇게 직접 대면을 하는 건 처음이었건만 그는 이렇게 말했고, 나의 사인 요청이 그리 싫지는 않은 듯 잽싸게 가방에서 네임펜을 꺼내더니 꾹꾹 눌러쓴 글씨로 사인을 해주었다. 에스프레소를 작위적인 포즈로 한 모금 마신 그가 새 담배에 불을 붙였다. 그의 진짜 모습이, 그의 맨 얼굴이 너무너무 궁금해진 나는 곧바로 그에게 질문을 던졌다.

나기자(이하 나)　홍대앞에는 얼마 만에 나오신 거예요?

배영준(이하 배)　아아, 마침 어제 저작권료가 나와서(그는 이 부분에서 살짝 입꼬리가 올라갔다) 만화책 사러 왔었죠. 홍대 전철역 주변에 내가 잘 가는 만화책방이 있거든요.

나　만화책을 빌려보지 않고 사서 보시나 봐요?

배　그럼요. 좋은 작품들, 특히 한국작가들의 작품은 사서 봐야죠. 음반업계가 너무 불황이라고 참 말들이 많은데 출판 쪽은 더 심하다고들

하대요. 많은 분들이 동네에 있는 도서 대여점에서 빌려들 보시는데 그건 만화가나 출판사 입장에서는 아무런 도움이 되지 않아요. 무엇보다 만화책은 애들이나 보는 거라는 인식에서 자유로울 필요가 있다고 봐요. 좋은 만화책 한 권이······. (이하 생략)

앗, 차가워. 침이 내 얼굴에까지 튀다니. 빨리 핵심적인 질문으로 방향을 바꿔야지 안 되겠군. 그나저나 저렇게 허구한 날 만화만 보면 음악은 도대체 언제 연습하는 거야? 일단 말이 나왔으니 만화에 관한 질문은 하나만 더 하고 빨리 넘어가자.

나   최근에 감명 깊게 보신 만화책은?

배   (잽싸게 말을 가로챈다) 아아, 『벡BECK』이라고 해럴드 사쿠이시 ハロルド作石란 작가가 그린 건데, 우리나라에도 음악을 소재로 한 만화는 예전에 허영만 선생님이 그리신 『고독한 기타맨』이라고 있었는데, 『벡』은 일본의 인디 록 밴드 이야기거든요. 그런데······.

음, 드디어 올 것이 왔구나.

나　(역시 말을 가로챘다) 그러고 보니 배영준 씨께서도 예전에 홍대 앞 인디 씬에서 활동하셨잖아요? 조금 전 제게 주신 W의 2집 앨범이야 메이저 레이블에서 나왔고 활동방식도 다분히 메이저 가수들의 유형을 따르고 있지만 1집만 하더라도 홍대로 대표되던 대한민국 인디 씬의 영역 안에 있었거든요.

배　어, 어, 그런데 이 『벡』이란 만화의 리얼리티가 또⋯⋯.

나　(무시한다) 그런데 이전에 배영준 씨가 속해 있던 코나라는 그룹은 원래부터 한국가요의 주류에 안전하게, 그리고 제법 오랫동안 편승해 왔던 팀이란 말이에요. 그런데 어쩌다 홍대 씬에서 W, 원래는 Where the story ends란 아주 긴 이름이었죠. 아무튼 그 팀으로 활동을 시작하시게 된 건지, 그리고 어쩌다 다시 홍대 씬을 떠나 메이저 레이블에서 W란 이름으로 밴드명도 바꾸고 활동하시게 된 건지, 왠지 그 과정 속에 드라마틱한 이야기가 있을 것 같거든요.

배　아, 그게 되게 이야기가 긴데, 그리고 워낙에 오래된 이야기고, 아, 그게 뭐 그리 중요한 거라꼬⋯⋯.

당황하니 사투리가 제대로 나오는구나. 내가 제대로 질문을 한 모양이군.

나   일단 2001년 Where the story ends를 결성, 인디 레이블에서 음반을 발표하면서 주 활동 무대를 홍대의 클럽으로 옮기시게 된 경위가 궁금한데요. 제 생각으론 이전 해인 2000년에 발표한 코나 5집의 실패에 기인한다고도 보여지거든요. 1998년에 발표한 4집 앨범 역시 판매가 시원찮았고 메이저 바닥에서 두 장의 앨범이 연달아 실패했을 경우 사실상 팀을 유지하기가 어려울 것 같은데, 어떤가요?

어라? 이거 내가 너무 세게 나갔나? 얼굴이 누렇게 뜨네. 에이, 이왕 이렇게 된 거 확실한 결정타를 날려보자.

나   홍대 씬에 상주하고 있던 뮤지션들에게는 배영준 씨가 메이저에서 활동하다 약발이 떨어지니 홍대로 내려온 그런 파렴치한 앗, 표현이 좀 과했나요? 아무튼 그렇게 보여질 수도 있지 않을까 싶은데, 어떠세요?

배   (긴 한숨) 그게 꼭 그런 건 아이고……. 하, 무신 질문이, 잠깐만

예. 전화 좀 하고 올게예. (매니저를 돌아보며) 니 기자님 잠깐 상대해드리 그라.

　화장실 입구에서(멀리 가지도 못하고) 누군가에게 전화를 하는 대신 그냥 뒤돌아서 담배를 피는 그의 모습을 보니 문득 측은함이 밀려온다. 홍대 씬에 대한 일종의 부채의식일까? 미안한 감정일까? 초반의 거들먹거리던 당당함은 어디로 가고 저 초라한 모습이라니. 이윽고 돌아온 그는 마음을 정리한 듯했고 그때부터 술술 얘기가 터져 나오기 시작했다. 나 역시 좀더 마음을 열기로 다짐했음은 물론이다. 이 인터뷰는 이제부터가 진짜 시작이다.

배　그러니까 2000년 가을이었죠. 뭐, 기자님도 아시듯, 그해 여름에 발표된 코나 5집은 완전히 망했어요. 왜 망했는지는 나도 잘 모르겠고 아무튼 폭싹 망했죠. 오죽하면 노래 부르던 친구도 자기 "이젠 그만하겠다"고 하더라고요. 나는 말릴 힘도 없었고 말리고 싶지도 않았어요. 나도 기진맥진해 있었거든요. 음악 자체가 완전 지긋지긋해졌다고나 할까. 몇 달 동안 하루 종일 집에 앉아서 전자오락만 했어요. 아무 생각 없이, 자연스럽게 은둔형 외톨이가 된 거지 뭐.

나 아니, 그럼 생활은 어떻게?

배 그냥 막 살았어요. 다행히 매달 저작권료가 조금씩 나와서 밥을 굶지는 않았어요. 그런데 그렇게 몇 달 지나다 보니 문득 이런 생각이 들더라고요. '이 나이에 내가 무슨 다른 일을 할 것도 아니고, 할 줄 아는 것도 없고 몇 달 동안 잘 놀았으니 이제 그만 털고 일어나야지.' 그래서 터덜터덜 회사 작업실에 가봤지. 그랬더니 지금 W를 같이 하고 있는 재원이랑 상훈이가 회사 창고 한 귀퉁이에 조그맣게 작업실을 만들어놓고 뭔가 조물락조물락 음악을 만들고 있더라고요. 옆에는 코나 5집 재고가 박스 채로 쌓여 있고. 그래서 내가 "너희들 지금 뭐하냐"고 물었더니 무슨 신인 댄스그룹인가 준다고 곡을 만들어 줬는데 입금이 안 되서 이걸 어떡할까 고민하는 중이라고 하대요. 밥은 먹었냐고 물어보니까 하루 종일 아무것도 못 먹었대. 마침 나한테 2만 원인가 있어서 그걸로 셋이서 밥을 사 먹었어요. 그 자리에서 내가 얘기를 했죠. 셋이서 새로운 팀을 만들자고. 그렇게 Where the story ends를 시작하게 된 거죠.

나 결국 밥 한 그릇으로 멤버들을 꼬신 셈이 되나요? (웃음)

배 (웃음) 그렇죠. 결국 그렇게 될 수밖에 없었던 것이 그들 역시 코

홍대앞으로 와

弘大
文化

나 5집에 부분적으로 참여하면서 이 앨범의 성공에 모든 것을 걸었었는데 그만 폭싹 망하고 말았으니 이 사람들도 나만큼이나 절박한 상황이었죠. 나야 뭐 이제 이 바닥에서는 내가 만든 음악을 가지고 음반을 만들어줄 사람이 없으리란 걸 뻔히 알고 있었고. 아무튼 우리는 코나 5집의 실패로 인해 더 이상 주류 가요 시장에 미련을 갖지 않기로 했어요. 그냥 이 바닥 자체가 지긋지긋해진 거지 뭐. 주류 가요에 어울리는 사운드를 만들 장비도 없었고. 우리가 가진 장비는 컴퓨터 2대와 건반악기와 모듈 1개, 기타, 베이스 같은 손악기들 그리고 마이크 하나가 다였거든요. 프리앰프 같은 것도 없었으니까 도저히 가요를 만들 수가 없었지.

나   아하, 그래서 전자음악을?

배   부끄럽지만 나조차도 전자음악을 그리 좋아하지도 않았고 어떻게 하는지도 잘 몰랐어요. 그런데 우리가 가진 장비로 할 수 있는 음악은 그것밖에 없었거든요. 그래서 우리는 정말 부지런히 이 전자음악이라는 낯선 장르에 대해서 공부해야 했어요. 하우스House, 드럼앤베이스Drum&Bass, 투스텝Two Step 그리고 로파이Lo-Fi와 홈레코딩……. 고등학교 졸업 이후 그때만큼 많은 음악을 들었던 적은 없었던 것 같네요. 그리고 그때부터 나는 뻔질나게 홍대 주변을 돌아다녔어요.

나　잠깐만요. 말씀 도중에 죄송한데, 왜 다른 곳도 아닌 홍대 주변을 돌아다니셨나요?

배　집에서 가까우니까요. 난 여의도에 살고 있었거든요. 하지만 진짜 이유는 홍대 주변의 레코드 가게들, 그곳엔 내가 생전 들어보지 못한 이름의 해외 뮤지션들 음반이 가득했어요. 그 레코드 가게의 점원들에게 많은 얘기를 듣고 정보를 얻었죠. 물론 처음엔 친해지기 어려웠어요. 그중엔 실제 클럽에서 디제잉을 하는 친구들도 있었는데 나름대로 트렌드 세터로서의 자부심도 대단했고, 개중엔 영화 〈사랑도 리콜이 되나요?〉에서의 잭 블랙처럼 정말 괴팍한 점원들도 있었어요. 하지만 나중엔 다 친해졌지요. 그들도 나같이 진짜 음악에 관심을 가지고 있는 손님이 그리웠나 봐요. 하지만 그곳에서 파는 전자음악 CD들은 너무 비쌌기 때문에 마음 가는 대로 다 구입할 수는 없는 노릇이었죠. 난 일주일에 한 번씩 홍대 주변의 레코드 가게들을 순례하며 새로 나온 뮤지션들의 이름을 메모장에 몰래 적어갔고 밤에는 '냅스터'나 '오디오 갤럭시'를 통해 그 뮤지션들의 음악을 다운받아서 들었죠. 컴퓨터가 꺼진 날이 없었던 것 같네요. 어쩌다 큰 맘 먹고 산 CD들은 정말이지 CD에 구멍이 날 때까지 멤버들과 돌려가며 열심히 들었어요. 그때 산 것들이 데릭 메이Derick May, 제프 밀스Jeff Mills 같은 디트로이트 테크노 계열의 창시자들, 토드 테리Todd Terry나 폴

오켄폴드Paul Oakenfold 같은 하우스 뮤지션들, 스퀘어푸셔Squarepusher 같은 드럼앤베이스 장르의 거장들의 CD인데…….

나　(갑자기 영어가 쏟아져 나오니 힘들어졌다) 잠깐, 그런 얘기들은 다음에 다시 하시죠. 홍대 주변의 문화와 그 어려운 이름을 가진 뮤지션들의 음악은 별 상관이 없어 보이는데…….

배　모르시는 말씀!!!

그때 그의 눈빛은 맨 처음 거들먹거리던 그때의 눈빛으로 다시 돌아갔다. 나는 잠시 그가 그냥 얘기하도록 내버려두기로 했다.

배　그 음악들은 홍대가 아닌 다른 곳에서는 들을 수 없던 것들이에요. 설사 다른 곳에서 들을 수 있었다 해도, 그 음악들이 단순한 소모품이 아니라 하나의 라이프 스타일로 소비되던 곳은 홍대가 유일했다니까.

뭐냐? 이 박력은? 여전히 그는 내 얼굴에 침을 튀겨가며 열변을 토하고 있었지만 그것이 꼭 불쾌하지만은 않았다.

배   그 주변을 떠돌던 이들에겐 그 음악에 몰두하는 일이 단순한 '지적 허영심' 그 이상도 그 이하도 아니었겠지만, 그리고 내게는 음악계의 틈새시장을 노리기 위한 수단에 불과했지만, 그것이 결국 오늘의 나를 만들어준 결정적 요인이 된 것이지요. 나는 '홍대 주변에서, 홍대 주변의 문화를 소비하는 이들이 내 새로운 고객이 되었으면 좋겠다' 라는 꿈을 가졌을 정도니까.

지나치게 추상적이긴 하지만 나름의 진정성을 인정해주고 싶다. 그 역시 자신의 음악이 듣는 이들의 라이프 스타일로 받아들여지기를, 그렇게 대단한 뮤지션이 되고 싶다는 야망은 가지고 있었을 테니까.

나   그럼 그때 홍대의 레코드 가게들에서 얻은 음악적 자산 위에 Where the story ends의 음악성을 쌓을 수 있었다 치고, 실제 음반을 발표하고 본격적인 활동은 어떻게 이루어진 건가요?

배   (담배 하나를 다시 빼 물더니) '롤러코스터Roller Coaster'의 공연이 있던 날인데, 나는 아무 생각 없이 놀러갔고 '델리스파이스Delispice'의 김민규라는 양반은 혼자 롤러코스터의 공연에 게스트로 왔어요. 시간도 좀 남고 마침 누가 밥을 사겠다고 하길래 같이 밥을 먹으러 갔지. 밥 먹으면서 그러더라고. 자기가 '문라이즈' 라는 인디 레이블을 경영하고 있다고. 자기 솔로 앨범도 거기서 냈다고. 와! 멋있잖아요. 얼마나 부럽던지. 그래서 내가 농담으로 말했죠. "나도 지금 프로젝트 밴드를 하나 하고 있는데, 김사장 여유 되면 내 판도 좀 내주쇼." 그러고 나선 둘이서 깔깔거리면서 공연 잘 보고 집에 왔어요. 그런데 일주일쯤 있다가 정말 전화가 왔어요. 우리 음악 좀 한번 들어보자고요.

나 아하. 그렇게 계약이 된 거군요. 그런데 아무래도 인디 레이블인데, 그동안 코나라는 이름으로 배영준 씨가 소속되어 있었던 회사, 즉 메이저 기획사랑은 조건이 많이 달랐을 것 같은데요. 구체적으로 얘기하자면 계약금의 액수, 홍보의 규모 같은 부분은 배영준 씨와 다른 멤버들에게는 어쩌면 상당한 타협이 필요했을 부분들이었을 것 같고, 또 김민규 씨나 문라이즈의 입장에선 배영준 씨가 그동안 해왔던 지극히 메이저 성향의 음악이라던가 하는 부분들이 고민거리가 아니었을까요?

배 (웃음) 이 바닥에서 좀 굴러먹었다고 곤조 부리면 어쩌나 싶기도 하고?

나 (웃음) 뭐 그렇죠?

배　계약금이나 홍보 같은 문제에선 우리가 양보하고 말고 할 것도 없었어요. 우리에게 남은 것은 아무것도 없었으니까. 우리는 겉으론 몹시 여유로운 척했지만 속으론 애간장이 타고 있었지요. 혹시 마음이 바뀐 문라이즈가 우리랑 안 한다고 할까봐. 이런 건 김사장이 보면 안 되는데. (웃음)

나　그럼 문라이즈와의 계약에는 아무런 문제가 없었네요? 이것으로 만사 쾌조?

배　아니에요. 문라이즈 측에서는 우리 음악을 들어보자고 했지 계약을 하자고 한 건 아니었거든요. 일단 우리는 문라이즈와 같은 인디 레이블로 대표되는 홍대 씬의 분위기에 걸맞은 음악을 만들어야 했어요. 난 두려웠어요. 홍대의 클럽에서 활동하고 있던 다른 뮤지션들에게 메이저에서 음악하다가 잘 안 되니까 다시 인디 씬으로 내려온 기회주의자라는 비난을 들을까봐도 두려웠고. 내가 좋아하는 만화 중에 『베르세르크 Berserk』란 작품이 있거든요. 그 만화의 주인공인 가츠의 명대사 중에 이런 말이 있어요. "도망쳐 간 곳에 낙원은 없다." 크으. 죽이죠. 아무튼 내게 홍대 씬은 도망쳐 간 곳이었기에 그런 비난을 들어도 사실 할 말은 없지. 뭐. (긴 한숨) 하지만 그렇기 때문에 우리는 더욱더 이 바닥에서 성공하고 싶었고 성공해야 했어요. 그런 절박함이 Where the story ends 의 맨 처음 작품인 '기도'나 'Run like hell' 같은 곡에 묻어 있어요. 그 곡들을 들어본 문라이즈는 다행히 우리와의 계약에 응해주었고요.

나　그리고 다행히 Where the story ends의 첫 번째 앨범은 반응 이 괜찮았어요. 앞서 배영준 씨의 말만 들으면 홍대앞은 전자음악의 별 천지였지만, 실상 당시의 홍대 씬을 주름 잡고 있던 음악은 모던록 계열 이라고 들었거든요. Where the story ends의 음악은 문라이즈의 포크 성향과도 다르고 '마스터플랜'의 힙합, 그리고 '드럭'의 펑크와도 분명 히 다른 종류의 것이었으니까요. 《웨이브Weiv》, 《딴지일보》, 《가슴》처럼 주류 음악들에 대해 비판적 시각을 견지해온 웹진들에서도 비교적 후한 평을 받았고요.

배　얼떨떨했지요. 코나를 할 때는 그런 웹진들도 없었고 그런 음악 적인 칭찬은 들어보지도 못했기 때문에 너무 기뻐서 그 기사들을 몇 번 씩이나 읽고 또 읽었어요. 우리에겐 '너희들은 틀리지 않았어'와 같은 칭찬이 너무너무 필요한 시기였거든. 사실 비평가들의 입장에선 우리가 그렇게 옐서비리러 노력했지만 결국 떨치지 못했던 닳아빠진 형식의 메 이저풍, 그러니까 주류 가요풍의 멜로디 위에 시도된 전자음악적 텍스서가 새롭게 느껴졌던 모양이에요. 그러니까 결국 우리의 한계이기도 했던 가요식 전자음악이 그들에겐 신선했던 거죠. 그리고 나는…….

이 대목에서 왠지 그는 몹시 주저하는 듯 보였고 다시 새롭게 담배 하나를 꺼내 말없이 피우기 시작했다. 나는 차분히 그를 기다리기로 했다. 이윽고 그는 뭔가 결심한 듯 말을 이었다.

배　뭐, 그때는 그게 진심인 것처럼 느껴졌지만……. 아니 지금 와서 뭐, 그게 진심이 아니었다고 말하는 것은 아니고, 아무튼 나는 내가 메이저 바닥에서 경험했던 부조리한 것들, 프로듀서나 기자들에게 돌리던 촌지라든지 뭐 그런 것들을 인터뷰 때마다 일일이 거론하며 그 바닥을 떠나서 다행이다, 내지는 다시는 안 돌아갈 거라고, 그쪽으론 오줌도 안 눌 것처럼 말하곤 했었어요. 어쨌든 나는 그런 것들을 Where the story ends의 홍보에 적극 이용하려 했던 거죠. 지금 생각해보면 나는 메이저 씬의 패배자였고 내가 홍대 씬으로 온 것은 사실 도망칠 곳이 필요해서였는데 말이죠.

이런. 순수하다고 해야 할지, 바보 같다고 해야 할지. 지나치게 진지한 것은 지나치게 가벼운 것과 똑같은 DNA를 가지고 있다고 말한 사람이 누구였더라? 아무튼 나는 그의 말을 계속 들어보기로 했다.

배　아무튼 홍대 씨는 도망쳐 온 나 같은 사람에게 결국 따뜻한 도피처를 제공해줬어요. 나는 어느 정도 자신감을 회복했죠. 실력 있는 신인들 그리고 메이저의 제법 굵직한 가수들도 우리에게 작업을 제의해왔고 우린 영악하게도 그 기회들을 놓치지 않았어요. 완전히 자신감을 회복한 나는 마침내 코나를 재결성하기로 마음 먹기에 이르렀어요. 새로 모은 멤버들과 클럽에서 라이브도 두 번 가졌고 결과도 만족스러웠어요. 그렇게 모든 게 다 아무 문제가 없어 보일 때 진짜 위기가 다가왔어요.

나　그게 뭐죠? 집안에 누가 위독하시기라도?

배　(웃음) 그런 건 아니고. 우린, 뭐랄까. 홍대의 진짜 모습을 봐버렸다고 해야 할까. 홍대문화의 한계를 깨닫게 된 거죠. 홍대 씨에 정착한 우리들의 마음은 벼락부자가 된 심정이었지만 여전히 주머니에선 먼지가 풀풀 날리고 있었고 아르바이트로 생활비를 벌며 정말 순수하게 이 씬에 머물기엔 이미 너무 늙어 있었어요. 당구장에서 심야 아르바이트라도 할까 생각했지만 그것도 어이치 않았어요. 홍대의 전자음악 씬을 대표한다는 자부심에 들떠 있었지만 우리 외에 누가 그걸 인정해주겠어요? 우리 공연에 왔던 백여 명의 관객은 다음 주말 다른 밴드의 공연에서 똑같이 볼 수 있었어요. 이번 주 다른 밴드의 공연장에서 본 백여 명의 관객은 다음 주 우리 공연에 똑같이 나타났지요. 새로운 시장의 법칙 같은 거창한 걸 기대한 건 아니지만 너무 명확한 한계는 우리를 지치게 했어요. 폴 발레리Paul Valéry는 "모든 시인들의 소망은 백 사람이 한 번 읽고 마는 시를 쓰는 것이 아니라 한 사람이 백 번 읽는 시를 쓰는 것"이라고 말했다지만, 생각해보세요. 개천에서 용 나는 시대는 이미 끝났어요. 우리에겐 어느새 경제적인 문제가 가장 크고 절실한 문제로 다가왔고, 홍대는 굳이 비유하자면 작고 예쁘장한 찻잔 같은 것이었어요. 그리고 우린 그저 찻잔 속의 태풍일 따름이었고. 그게 다예요. 그게 내가 메이저로 다시 돌아간 이유였지요.

한동안 우린 둘 다 말이 없었다. 매니저는 졸고 있었고 녹음기의 테이프는 어느새 다 돌아가 있었다. 나는 뭔가 복잡한 기분에 빠져 있었다. 그에게서 배신감도 아니고 연민도 아닌 복잡한 기분이 느껴졌다. 제법 긴 시간이 그렇게 흘러가고, 먼저 침묵을 깬 것은 그였다. 녹음기가 꺼져 있었기 때문에 정확하진 않지만 그때 그는 이런 말을 했던 걸로 기억한다.

배　　뭐 누구는 이런 나에게 비겁하다고 말할 수도 있고 혹은 너무나 인간적이라고도 말할 수 있겠지요. 뭐, 시시하다고 할 사람들이 제일 많겠지만, 아무튼 난 홍대앞 인디 씬이라는 놀이터에서 잘 놀았어요. 부모님의 사업 실패로 어쩔 수 없이 강북에 이사 온 강남 아이 같은 나와 이 놀이터의 아이들은 같이 모래집을 쌓으며 놀아주었고, 나는 그네도 타고 미끄럼틀도 타며 재미있게 놀았죠. 이젠 그네를 타기엔 너무 무겁고 미끄럼틀을 타기엔 궁둥이가 너무 커져버렸지만, 그래서 가끔 구석에 있는 벤치에나 앉았다 가는 시시한 어른이 되어버렸지만, 그래도 이곳은 여전히 멋지고 소중한 곳이에요.

　　그는 자신의 놀이터 비유가 몹시 마음에 들었는지 마지막 담배 연기를 후 하고 허공으로 날리며 자리에서 일어섰다. 찻값을 계산하는 그의 뒷모습에선 처음 인사를 나눌 때의 거들먹거림이 다시 묻어났지만 그냥 참아줄 만했다.

　　홍대 거리엔 어느새 밤이 찾아오고 사람들로 북적이고 있었으며 자동차들의 경적소리는 요란했다. 그는 다음 달 근처에서 있을 W의 공연에 놀러 오시라는 인사치레에 불과한 말을 던지며 매니저가 모는 차를 타고 사라졌다.

Where The Story Ends

도망쳐 온 곳에 낙원은 없다는 말도 있긴 하지만,
그래도 홍대 씬은 나처럼 도망쳐 온 사람에게도
따뜻한 도피처를 제공해줬어요

홍
대
앞
으
로
와

弘大
文化

배영준 1993년 코나 1집으로 가요계 데뷔, 음악은 잘하는 사람이 아니라 오래 하는 사람이 이기는 게임이란 근거 없는 믿음으로 버티던 중, 세기 말의 징크스에 휘둘려 4집과 5집이 연이어 상업적으로 실패하면서 기력을 상실하고 지푸라기라도 잡는 심정으로 그룹 Where the story ends를 결성, 인디 레이블인 문라이즈에서 앨범을 발표하며 홍대앞으로 흘러 들어왔다. 2005년, W로 밴드명을 줄여서 2집 앨범을 발표했으나 앞날은 여전히 불투명하다. 현재는 한남동의 한 다세대 주택에서 식성 좋은 고양이 두 마리와 갈색 부츠를 사달라고 며칠째 졸라대는 아주 큰 고양이와 함께 지내고 있다. 수많은 라디오 음악 프로그램에서 진행자와 게스트 등으로 출연하며 입담을 과시하고 있기도 하다. www.wtse.co.kr

전갈의 우화

>>> 김용진

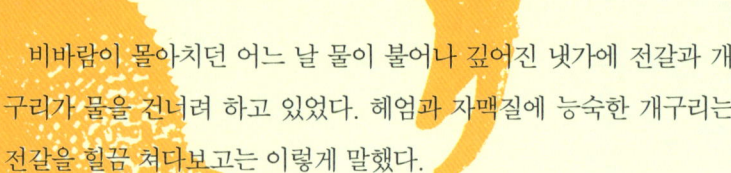

　비바람이 몰아치던 어느 날 물이 불어나 깊어진 냇가에 전갈과 개
구리가 물을 건너려 하고 있었다. 헤엄과 자맥질에 능숙한 개구리는
전갈을 힐끔 쳐다보고는 이렇게 말했다.

　"난 물에 살아서 쉽게 냇물을 건널 수 있지만 너는 그렇지 않아 힘
들겠구나."

　전갈은 쏟아지는 빗줄기에도 익숙하지 않았고 수영에는 더더욱
젬병이었다. 물은 계속 불어나고 있었고 전갈은 자칫하면 이대로
물에 떠내려가야 할 상황이었다. 그때 전갈이 개구리에게 이런 제
안을 했다.

　"나를 등에 업고 저 냇물 건너까지 데려다준다면 지금 너를 물지
않을게. 그러지 않으면 지금 이 자리에서 너를 물어 죽이겠어!"

　개구리는 도망치고 싶었지만 위협하는 전갈이 무섭기도 하고 한편
으로는 측은하기도 해서 이 제안을 수락했다. 개구리는 전갈을 등에

업고 헤엄치기 시작했다. 따끔한 전갈의 침이 두렵기도 했지만, 어차피 물에 떠 있는 동안은 전갈이 자신을 물지 않을 것이라고 생각했고 뭍에 도착하는 대로 헤어져 각자 제 갈 길을 갈 요량이었다.

그러나 냇물의 반쯤을 헤엄쳐 왔을 때 전갈은 돌연 개구리를 물어버렸다. 개구리는 너무나 당황했다. 헤엄을 치는 도중에 나를 물다니, 아직 가야 할 길이 남아 있는데, 조금만 참으면 둘 다 안전하게 자신의 길을 갈 수 있을 텐데, 비는 계속 몰아치는데, 독은 퍼지기 시작해 다리가 마비되어오는데, 도대체 왜? 왜? 당황한 개구리는 전갈에게 소리치며 물었다.

"도대체 왜 나를 문 거니? 이제 반만 건너면 뭍인데, 내가 죽으면 우리 둘 다 죽고 말잖아!"

그러자 전갈은 다소 경직된 얼굴로 이렇게 말했다.

"미안해. 나는 전갈이거든."

그렇다. 사실 나는 전갈이었다. 아니 지금도 전갈이고 앞으로도 전갈일 것이다. 자신의 의지와 위치와 이성에 상관없이 본능에 따라 행동하는 나는 전갈이다. 전갈이 다른 동물에게 독침을 쏘아 생명을 영위하는 데에는 세상 누구도 의문을 달지 않는다. 왜냐고? 전갈이니까. 갓 태어난 아기가 본능적으로 엄마의 젖을 빠는 것과 같은 이치다. 일에 따라서는 과학적인 원인이 있다기보다 자연적으로 그냥 그렇게 하게끔 설계되어 있어서 그에 따라 행동하는 경우가 있다.

내가 음악을 시작하고 지금까지 계속 노래해온 것도 전갈의 이야기와 맥락이 통한다(사실 이러한 사실을 깨닫는 데도 꽤 오랜 시간이 흘렀다). 누가 음악을 하라고 시킨 것도 아니었고, 음악을 한다고 아침마다 황금으로 된 변便을 본다거나 하늘에서 삼천궁녀가 떨어지는 것도 아님을 20대 초반부터 알고 있었음에도 불구하고, 어느새 나는 명절이 될 때마다 나의 장래를 걱정하는 친척들에게 수류탄 파편처럼 날아드는 말들의 공세에 시달리는 30대 초반의 공예가가 되어 있었다.

내가 처음 음악을 시작할 때, 난 사실 홍대앞의 인디 씬에 별로 관심이 없었다. 그런 게 있는 줄도 몰랐거니와 홍익대학교는 우리 학교하고는 거리가 너무 멀리 떨어져 있었다. 나는 학교 스쿨밴드에서 베이스기타를 열심히 쳤고 가끔 수업도 들었으며 연습 중에 합주실에서 친구들과 보쌈을 시켜먹는 그런 평범한 학생이었다. 아, 그때가 언제였더라? 잘 생각은 안 나지만 '너바나Nirvana'로 대표되는 얼터너티브록이 마지막으로 창궐했을 때였던 것 같다. 이때까지만 해도 내가 전갈이었다는 사실은 까맣게 몰랐다. 전갈은커녕 꽃게도 아니

되는 줄 알았다.

　그런데 대학을 졸업하고 나니 먹물깨나 먹은 인간으로 보이고 싶은 심보가 생겨서 분에 넘치는 대학원에 들어갔고, 항상 그랬듯이 밴드를 하나 하게 되었다. 그런데 그 밴드가 자작곡이 몇 곡 쌓이더니 홍대 인근의 F클럽에서 공연을 시작하게 되었고, 나중에는 B클럽에서도 공연하고 J클럽에서도 공연하고, 여기저기서 공연을 하다가 작년에는 친하게 지내던 선배K와 일렉트로니카와 통칭 모던록이라는 장르의 혼혈을 시도하면서 조그마한 앨범도 하나 내게 되었다.

　D기획사를 통해 내게 된 그 음반은 우리가 돈을 아주 조금만 벌어보려 발표한 앨범이었는데, 돈을 아주 조금도 벌지 못하여 지금은 그만큼 아주 조그만 부업을 하면서 음악을 하고 있다. 주업도 부업도 분간하기 모호한 경계의 신분이다. 그래 맞다. 이런 상황을 빗대어 일본인들은 '프리타freeter'라고 불렀다. 항상 빛깔 좋은 단어나 생각은 나중에 난다.

　그렇다. 학생 신분을 벗어난 이후에 홍대앞에서 인디 밴드로 음악을 계속할 수 있는 방법은 그것밖에 없었다. 주위를 둘러보니 다른 밴드도 사정은 마찬가지였다. 청계천에 있는 식당에서 음식배달을 하는 드러머, 막노동을 하던 기타리스트, 학습지 교사를 하던 여자보컬……. 그래서 태양계로 치자면 명왕성 정도 되는 변두리에서 떠도는 부류의 사람들은 밝고 긍정적인 이야기보다는 어둡고 비관적인 말을 듣는 경우가 많다. "너 어떻게 먹고 살래?" "음악이 그게 뭐니?" 듣는 우리들 입장에서는 기분이 좋을 리 없지만, 그래도 우린 계속 음악을 한다. 왜냐고? 우리는 전갈이니까.

전갈로 살아가는 것이 평범하게 사는 것보다 혹독할지라도 어쩔 수 없이 전갈은 전갈이다.

난 어렸을 때부터 늘 새로운 것을 원했고 음악을 하면서도 독특한 것을 좋아했다. 기교를 부려 꺾어대는 가요를 듣다 보니 그 특유의 뽕기가 듣기 싫고 록큰롤이 신기해 보였다. 록큰롤을 듣다 보니 슈게이징이 새로워 보이고 슈게이징을 듣다 보니 전자음악이 새로워 보였다. 새로워 보이니 접근해서 탐구해보고 싶었고, 탐구해보다가 실제로 구현해보고 싶었고, 그런 비슷한 생각을 가진 사람들이 모이게 되고, 그래서 밴드가 되고, 음악을 신앙처럼 여기며 공연을 하는 전갈들이 창작을 하다가 모인 곳이 바로 '욕망의 화장실' 홍대앞이었다.

나에게 있어서, 아니 우리들에게 있어 홍대앞은 이러한 창작의 배설물들을 안아주는 화장실이며, 많은 다양성을 포용해줄 수 있는 해방구이다. 하고 싶은 말과 표현하고 싶은 모습들을 표현해내는 그런 곳이다. 나는 이 거리에서 처음으로 자작곡으로 공연했고, 멤버들과 핫도그를 먹었고, 다른 전갈들의 음악에 감동하여 그들과 친구가 되었고, 두 번째 여자친구와 짧은 기간 동안 홍대앞을 쏘다니며 연애를 했다. 아직도 겨울에 홍대앞을 걷다 보면 음악광이었던 그 여자친구가 생각난다. 그리고 짧은 연애가 아쉬웠다는 생각도 조금 한다. 만난 기간이 한강물이 마지막으로 얼어붙을 무렵부터 개나리가 막 피기 시작할 때까지의 짧은 시간이었으니까. 그래도, 그 짧은 시간에도 벽면들, 가로등, 낮은 언덕들에는 로카르의 법칙을 충실히 따라 그에 맞는 기억의 흔적들이 착착 남아 있다.

아련한 기억도 있지만 따가운 기억도 많다. 너희들 음악은 너무 지겹다거나 재미가 없으니 조금 밝고 신나는 음악을 만들어보라는 읍소 섞인 이야기도 속으로 많이 들었다. 연주가 너무 단조롭다는 말도 많이 들었고 비주류 중에서도 비주류에 속하다 보니 이렇다 할 성과도 없었다. 그런 이야기를 들을 때마다 나는 이런 해명을 한다.

"저한테는 지겨운 것도 매력이에요. 하하."

사실 공예가가 자신의 공예품에 대한 나쁜 평가를 받았을 때의 기분은 이루 설명할 수 없이 나쁘겠지만, 나는 그다지 기분이 나쁘지도 않고 대체로 무덤덤했다. 왜냐하면 지겨운 게 사실이고, 지겹고 갑갑한 감정을 음악을 통해 전달해보려 하였던 것이니까. 밝고 힘차고 미래에 대한 막연한 희망감으로 무장한 노래들은 세상에 널렸으니까 말이다. 난 그런 희망감이 마치 꿩이 풀밭에 머리만 숨긴 채 매가 자신을 알아보지 못할 거라고 생각하는 것만큼이나 비합리적인 기대라고 생각했다. 나는 꿩이 머리를 풀밭에 숨긴다 한들 날아오는 매의 발톱을 피할 수 없다는 이야기를 진정 하고 싶은 것이었다. 피할 수 없으면 즐기라는 말은 도서관 화장실 낙서에서 쉽게 볼 수 있으니까, 나는 피할 수 없으니 당신에게 씁쓸한 애도를 표한다는 말을 하고 싶었던 거다. 난, 수술할 때 질끈 깨무는 막대기 같은 처연한 음악을 만들고 싶었다.

그러나 내가 정말로 씁쓸했을 때는 내 음악에 대한 악평을 들었을 때나 경제적 어려움으로 인해 기타를 팔아버렸을 때가 아니라 대부분의 사람들이 정시에 출근은 하지만 정시에 퇴근은 하지 못하고 있는 노동시장의 현실을 깨달은 이후였다. 생계를 위해 내가 잠시 다녔던 직장에서나, '월화수목금금금'의 근무 형태로 일주일을 보내는 나의 동년배 친구들을 보거나, 분명한 재능을 소지하고 있음에도 불구하고 홍대앞에서 생활전선으로 자연스럽게 빠져나가는 공예가들의 명멸을 볼 때에는 정말이지 눈물이 났다. 빳빳하던 파가 파김치가 되어버리는 것이다.

그리하여 언뜻 보기에 독립적인 공예가와 직장을 다니는 소시민의 퇴근시간의 상관관계는 매우 적어 보일지 몰라도 실제로 퇴근시간은 사람들의 의식의 기저에 자리잡고 있는 생활패턴의 두드러지는 일부이므로 분명한 상관관계가 있다고 말할 수 있다. 한 발짝 떨어져서 관찰해보라. 문화고 예술이고 다가갈 힘이 남아 있어야 누릴 수 있는 것 아닌가?

가끔 나는 무작위로 오가며 만나는 사람들에게 속으로 이런 질문을 한다.

'당신은 살기 위해 일을 합니까? 아니면 일하기 위해 삽니까?'

분명 살기 위해 일을 한다고 생각하는 것이 당연한 듯하지만 실제로 마주치는 현실은 그렇지가 않다. 너무 많은 사람들이 밤늦게까지 수당 없는 잔업에 시달리고, 할 일이 없는데도 눈치를 봐야 하고 눈치를 보다 보니 또 잔업이 생기고, 그러다 보니 영양제를 먹어야 하고, 상사로부터의 린치에 원하지 않는 술자리 때문에 위장약을 먹는다. 약과 욕을 섞어 먹다 보면 내가 왜 이렇게 살아야 하나, 내 인생은 어디로 갔을까 하는 생각이 들고, 그래도 결혼은 해야겠고 아이를 낳아야겠고 집을 장만해야겠고……. 산 넘어 산이다. 이러다 보니 일상은 지치고 영화 한 편 보기도 어렵고 '음악은 무슨 음악이냐, 인터넷에서 그냥 최신 가요 다운받아서 mp3로 듣고 말지' 하는 것이다.

아뿔싸! 범우주적 한량으로 살아온 나는 이러한 사회의 속사정을 너무 늦은 나이에 깨달아버렸다. 그리고 즐기는 문화는 직업을 가짐과 동시에 사라지는 경우가 많다는 것도 깨달아버렸다. 어느 순간부터 CD는 소비재가 아닌 사치재가 되어버렸다. 그리고 사회는 지금 시대의 직장인들에게 전투적인 삶의 자세를 놓지 말라고 채찍질하며 좁은 동네에서 넓은 땅을 차지하기 위해 무한경쟁할 것을 강요한다. 구조적 폭력이다.

나는 나와 타인의 삶이 지금보다 더 여유로워지기를 희망한다. 그리고 그런 여유로움의 통로로서 홍대앞이 존재하였으면 좋겠다. 나는 홍대앞이 조금 더 다양하고 열린 문화의 해방구가 되었으면 한다. 지금보다 더 많은 사람을 포용할 수 있는 그런 공간이 되어갔으면 좋겠다. 굳이 젊은 클러버와 전갈들만 홍대앞에 서식할 필요는 없다. 나이와 성별과 재력의 여부를 뛰어넘어 함께 문화적 결과물을 향유할 수 있는 그런 장소가 되었으면 좋겠다.

퇴근 후에 거리에서 판토마임을 하는 직장인이 더 많아졌으면 좋겠다. 저녁에 벤치에서 기타를 치는 중년들이 많아졌으면 좋겠다. 잘 쓰지 않는 잡동사니들을 직접 내놓고 싸게 파는 벼룩시장도 더 자주 열렸으면 좋겠으며, 놀이터에서 탭댄스를 추던 소년이 건강하게 컸으면 좋겠다. 클럽이 아닌 조그만 갤러리에서 내가 했던 공연도 한 번 더 해보고 싶다. 벽과 바닥에 낙서하는 아이들이 더 많아졌으면

홍대앞으로와

좋겠고, 버스를 기다리며 처음 만나는 사람과도 아무렇지 않게 시시
콜콜한 대화를 하는 사람들이 더 많아졌으면 좋겠다.

물론 요즈음의 불안정한 경제상황에 비추어볼 때, 이런 생각들은
철없이 뜬구름 잡는 이야기로 들리기 쉽겠지만, 그렇게 먼 나라 이야
기도 아니고 그렇게 실현 불가능한 일도 아니다.

우리는 어떠한가? 정규직에, 결혼에, 부동산에, 자식에 자신의 인
생을 저당 잡혀 살고 있지 않나? 결혼해 평생 일해 자식들 키워놓고
나서 조금 쉴 만하면 죽을 때가 다 되어 있지 않나?

결혼은 꼭 해야 하나? 자기 집은 꼭 있어야 하나? 번식이 의무가
될 수 있는가? 아이는 꼭 지하철 2호선에 있는 대학을 가야 하나? 부
모의 도움 없이 이 모든 것이 가능할까?

나는 이 모든 것의 선택이 완곡하였으면 좋겠다. 모든 사람이 그렇
게 되기를 바라는 것은 절대 아니다. 다만 문화를 즐길 줄 아는 여유
로운 생각을 가진 사람들이 조금 더 많아지기를 바라는 것뿐이다. 조
금 덜 가지고 조금만 더 타협하면 아이도 어른도 노인도 좀더 즐겁게
살 수 있지 않을까. 더 행복하게까지는 힘들지만 더 즐겁게 살 수는
있지 않을까.

나는 홍대앞이라는 문화의 화장실 안에서 많은 사람들이 더불어 즐
겁고 여유롭게 살았으면 좋겠다. 세상에는 알고 보면 재미있는 사람

도, 현상도 많이 있다. 홍대앞에서는 그중에서도 다양한 음악 듣기의 즐거움을 다른 이와 함께할 수 있다. 그리고 그러한 즐거움을 통해 자연스럽게 다른 사람과도 친해지게 되기도 한다. 홍대앞에 나온 지 얼마 안 됐을 때, 클럽에 관객이 한 명도 없어서 같이 공연하기로 한 R밴드와 서로의 관객이 되어주었던 일은 정말 재밌었고, 무거운 악기를 들고 다니며 열악한 상황에서도 꿋꿋이 말없이 계속 같이하는 멤버들도 좋았고, 음악이 좋다고 찾아와서 사진을 찍어주는 극소수의 관객들도 고마웠다. 또 먼 지역에서 일부러 홍대앞까지 공연을 보러 와서 우리에게 대뜸 피자를 사주고 간 관객도 있었는데, 그분은 정말 기억에 남는다(사실 이 부분이 가장 자랑스럽다). 음악을 하는 사람들도 각자 다 개성이 강해서 극적으로 외향적인 사람과 극적으로 내성적인 사람들이 있는데, 이런 사람들과 어울려 음악 얘기를 하는 것도 쏠쏠한 재미가 있었다. 획일적인 인간군상을 별로 좋아하지 않는 나로서는 홍대앞은 천혜의 조건을 갖춘 굴양식장 같은 곳인 것이다.

나는 나이가 들어서도 굴양식장 홍대앞을 떠나고 싶지 않다. 그러기 위해서 필요에 따라서는 얼마든지 관상용 전갈로 길들여져서 현실세계에 적응하며 살아갈 수 있다고 생각한다. 어쩌면 나이가 들면서 야생 전갈이 관상용으로 변해가는 것이 문화적 전갈로서의 정해진 수순일지도 모르겠지만, 가능하면 오랫동안 경제활동과 음악을 병행하며 자유를 누리고 싶다. 물론 자유에는 그만큼 혹독한 대가가 따르고, 자유롭다는 것은 외롭다는 것과 궤를 같이한다는 것을 알고는 있다. 하지만 인생은 즐기기 위한 것이며 의미를 두는 일에 매진하는 나 같은 사람도 대한민국에 몇 명쯤은 있어도 된다고 생각하기에, 그리고 그런다고 나라가 망하지는 않기에 오늘도 노래를 듣고 생각하고 만들어본다. 아마 내일도 모레도 그렇게 될 것이다. 아주 재미있을 것이다.

김용진 인디 밴드 뮤지션. 처녀자리에 AB형. 경영학을 전공했고 좋아하는 것은 독서, 야구, 법의학, 생선회. 드림팝 밴드 '뉴스보이프라블럼(Newsboy Problem)'에서 신서사이저와 보컬, 전기전자를, 모던록 밴드 '시데리크(Siderique)'에서 기타와 보컬을 맡고 있나. 현재 홍대앞을 중심으로 산발적으로 공연 중이며 새로운 곡들도 절찬리에 만드는 중이다. cyworld.nate.com/newsboy

이야기와 이야기 사이사이에 마치 쉼표처럼, 마치 창문처럼 사진을 놓았습니다. 숨겨진 그 언어들로 또다른 느낌과 만나시길 바랍니다. 사진들은 필자이기도 한 류재현 씨가 제공해주셨습니다.

예전에 너와 걷던 그 길에 홀로 앉아
사진을 불태우며 낙엽을 바라본다.
문제는 니 얼굴이 너무나 달라져서
도무지 알아볼 수 없다는 사실이다.

_ 영화 〈복수는 나의 것〉 OST 中 '정말로 이상하다' 중에서

'더블듀스'를
따라가는
기억의 기억

볼 빨 간 서 준 호 › ›

DOUBLE DEUCE

지금은 아파트 단지가 들어서서 과거의 흔적조차 남아 있지 않지만, 1990년대 초반에 산울림 소극장 근처에 '더블듀스'라는 카페가 있었다. 당시에 홍대앞은 지금처럼 잘 알려진 유흥가가 아니었고, 그저 조금 비싼 술집들 아니면 미술학원이 전부였다고 해도 틀린 말은 아닐 정도로 조용한 대학가였다. 심야영업 제한이 있던 시절이라 신촌에서 자정 무렵까지 놀다 보면 우리는 비밀리에 심야영업을 하는 더블듀스를 찾아서 홍대 근처까지 찾아오곤 했다. 가게에서 틀어주는 음악도 좋았지만, '티렉스T.REX'의 앨범 〈The Slider〉나 '비틀스 Beatles'의 〈Sgt.Peppe's Lonely Hearts Club Band〉 같은 앨범 재킷들이 벽화로 그려져 있던 실내도 잊을 수 없다. 당시 홍대앞에는 공연을 할 수 있는 클럽이 몇 군데 있었지만 대부분 이미 알려진 밴드들의 공연만이 열렸을 뿐, 아마추어 밴드가 공연을 할 수 있는 클럽은 거의 없었다.

당시에 난 카피를 주로 일삼는 한 아마추어 밴드의 드러머였다. 우리와 같은 밴드들이 공연을 할 곳이 마땅치 않았기 때문에 신촌에 아는 선배가 오픈한 재즈클럽에서 레니 크라비츠Lenny Kravitz, 비틀스, '너바나Nirvana' 등 재즈클럽과는 전혀 어울리지 않는 곡들을 주로 연주하고 있었다. 홍대 쪽에서는 1994년 여름에 오픈한 '드럭'이 처음엔 최신 얼터너티브 뮤직비디오를 틀어주는 바였다가 이후에 커트 코베인Kurt Cobain 추모 공연을 가지면서부터 공연을 하는 클럽으로 탈바꿈했고, '크라잉넛Crying Nut'을 위시한 펑크 밴드들 외에도 '옐로우 키친Yellow Kitchen', '언니네이발관', '델리스파이스Delispice', '마이앤트메리My Aunt Mary' 역시 초기에는 드럭에서 활동했다. 드럭이 홍대 앞에서 활동하는 밴드들의 중요 거점으로 부각되기 시작한 것도 그 무렵이었다.

예전부터 더블듀스를 심심치 않게 들락거리던 우리 밴드는 어느날 앞으로 이곳에서 공연을 하고 싶다고 가게 주인과 이야기를 나누었다. 며칠 뒤에 간단한 오디션을 보고 몇 주일이 지나 마침내 그곳에서 공연을 하게 된 우리는 자작곡이라고는 단 한 곡도 없이 비틀스, '위저Weezer', '블러Blur' 등의 곡을 카피했다. 하지만 그 공연은 결국 더블듀스가 단순한 술집에서 라이브공연 클럽으로 돌아서게 되는 계기가 되었다.

첫 공연을 시작하게 된 우리는 매주 일요일 그곳에 모여 연습을 했다. 그렇게 우리 밴드의 공연만이 열리던 어느 날, 드럭에서 활동하던 3인조 밴드 '버거킹'이 합류하였고, 매주 토요일마다 조인트 공연도 열리게 되었다. 버거킹은 1998년부터 지금까지 4장의 음반을 발표한 팀으로 '코코어'의 전신이라고 할 수 있는데, 너바나의 음악을 카피해온 그들은 뛰어난 연주 실력으로 홍대앞 클럽을 찾아오던 초기팬들에게 많은 사랑을 받았다. 드럭과 더블듀스를 시작으로 1995년부터 서서히 생겨나기 시작한 클럽들에서 저마다의 개성을 가진 밴드들이 활동을 시작하게 된 것이다.

그러던 어느 날, 더블듀스는 이름이 '태권브이'로 바뀌었고, 클럽 무대에 서고 싶어하는 새로운 밴드들이 점점 늘어나기 시작했다. 공연을 보러 오는 관객들도 조금씩 많아졌고, 각종 매체에서도 밴드들의 공연이 열리는 클럽들을 소개하기 시작했다. 차츰차츰 늘어나고 있던 PC통신의 음악동아리를 통해서, 그리고 《인 서울 매거진In Seoul Magazine》이나 《페이퍼Paper》같이 무료로 배포되던 스트리트 매거진을 통해서, 보다 다양한 문화와 트렌드가 소개되었고 홍대앞 거리엔 차츰 기타를 둘러맨 사람들이 눈에 띄게 많아지기 시작했다.

태권브이도 이런 지면을 통해 라이브 클럽으로 소개되면서 점점 많은 사람들이 라이브공연을 보러 오기 시작했다. 언제부턴가 우리가 연주하는 곡 수보다도 관객이 많은 날이 잦아졌는데, 시간이 지날수록 우리는 버거킹보다 먼저 무대에 오르게 되었다. 어느새 우리보다 버거킹의 음악에 훨씬 더 많은 사람들이 환호하게 되었던 것이다. 난 가슴이 쓰렸다. 왜냐하면 우리 밴드에는 버거킹의 보컬에 견줄 만한 꽃미남이 없었기 때문이다.

결국 우리 밴드는 보컬을 하던 친구의 군입대를 계기로 흐지부지 해체가 되고, 몇 달 뒤 나는 프로그레시브록을 전문적으로 발매하는 한 음반회사에 취직하게 되었다. 이후로 난 그저 심야에 술이나 마시러 찾아오는 단골손님의 신분으로 다시 태권브이를 드나들었다.

1997년에 태권브이의 주인이 새로운 주인에게 가게를 넘기면서 태권브이는 '스팽글'이라는 이름의 클럽으로 새로 태어나게 되었다. 더 블듀스와 태권브이 시절 티렉스와 비틀스 앨범 재킷이 그려져 있던 자리에는, 대신 '스매싱펌킨스Smashing Pumpkins'의 〈Mellon Collie And The Infinite Sadness〉 앨범 재킷이 벽에 크게 그려졌고, 스팽글에서는 이제 본격적으로 모던록을 연주하는 팀들이 활약하게 되었다.

버거킹은 '너바나를 제법 훌륭하게 카피하는 밴드'라는 꼬리표를 떼어내고 4인조 라인업으로 코코어라는 밴드로 개명, 1998년에 대망의 첫 음반을 발표했다. 그러고는 홍대 인디 씬의 태동을 알리는 밴드 중의 대표주자로 두각을 나타내기 시작했다. 더블듀스에서 공연하던 시절에 같은 밴드에서 활동하던 친구는 '허클베리핀Huckleberry Finn'이라는 밴드를 결성, 이 해에 첫 음반을 발표했는데 허클베리핀 역시 스팽글을 기반으로 활동했다. 더블듀스-태권브이-스팽글로 이어지면서 이곳에서 공연을 했던 팀들 중에 아직까지 활발한 활동을 하는 대표적인 밴드를 꼽자면 코코어와 마이앤트메리, 허클베리핀을 들 수 있는데, 이들이 공연을 하고 나름대로 관심을 받으며 활동하는 모습은 밴드 활동도 안 하고 그저 회사 생활만 하던 나에게 커다란 자극이 되었다. 하지만 다이나믹한 록 밴드들을 보며 자극받았던 내가 엉뚱한 트로트 음반을 내고 이 무대에서 서게 될 줄은 나 자신도 전혀 예상하지 못했다.

1998년, 오랫만에 스팽글에서 공연을 한 적이 있었다. 이 해에 난 마치 장난을 치는 듯한 기분으로 〈지루박 리믹스 쑈〉란 앨범을 만들었다. 한 밴드의 드러머가 아니었기 때문에 '볼빨간'이라는 예명을 사용했고, 〈야시장 7〉이라는 에로비디오를 클럽에 틀어놓고 공연했다. 더블듀스에서 스팽글로 이름은 바뀌었지만 다시 이곳에서 2년 만에 공연을 하던 기분은 썩 괜찮았다. 볼빨간 활동을 접은 이후에도 난 다시 드러머로 이곳에서 공연을 하게 된다. 더블듀스 시절 함께 밴드 활동을 했던 이기용이 결성한 그룹 허클베리핀에 드러머가 필요했기 때문이었다. 앞으로의 일보다는 그저 과거의 추억에 꽂혀서 사는 나에겐 이기용과 그 공간에서 다시 공연을 하게 되는 것만으로 너무 애틋해져서 드럼세션으로 참가하게 되었는데, 간혹 허클베리핀은 스팽글 영업 전에 합주를 해보곤 했다.

4년여 만에 다시 이기용과 합주를 하게 되니 더블듀스 시절의 기억이 새록새록 피어나는데, 그때의 아련함이란 왠지 애틋하게 헤어졌던 여인과 어떻게든 연을 이어갈 수 있겠다는 마음과 비슷한 질감이었으니, 내가 이 공간에 알게 모르게 퍽이나 정이 많이 들었다는 것을 느낄 수 있었다.

허클베리핀의 드럼세션으로 이곳을 다시 활발하게 들락거리던 2000년 1월, 언니네이발관에서 활동하던 정대욱을 스팽글에서 만나게 되었다. 그리고 정대욱이 새로 결성한 '줄리아하트 Julia Hart'라는 밴드에 합류하게 되었다. 줄리아하트의 첫 단독공연도 이곳에서 가지게 되는데, 몇 년 뒤 정대욱이 기억하듯이 세트 리스트 수만큼의 관객들이 와준 공연이었다.

줄리아하트 역시 다른 클럽들에서도 공연을 종종 했었지만 이 공간에서 하는 만큼 편한 느낌은 아니었다. 안락한 대기실까지 있고 조명도 번썩번찍거리는 시설 좋은 클럽에서 공연을 해도 마찬가지였다. 더블듀스-스팽글은 변변한 조명도 없고 그저 30촉짜리 백열등이 전부인 데다가(스팽글로 바뀌고 나선 그나마 미러볼을 달아놓았다), 마셜 기타앰프와 타마 드럼을 빼면 그 외의 시스템은 너무나 열악한 클럽이었지만, 내 몸은 이 공간에 너무나 익숙해져 있었다.

박찬호가 LA 다저스 시절에 다른 팀의 홈구장에만 가면 맥을 못 추다가도 홈구장인 다저스 스타디움에만 들어서면 라이징 패스트볼은 물론 변화구까지 자유자재로 뿌려대던 것처럼, 이곳은 나에게 완벽한 홈구장과 같은 곳이었다. 다른 클럽에서 공연을 할라치면 마치 다른 구장으로 원정을 가는 야구선수 같은 느낌마저 들기도 했었으니 말이다. 다른 클럽에서는 스틱을 번번이 떨어뜨리거나 스틱을 객석으로 날려먹는 등 어이없는 실수를 연발했지만, 스팽글에선 스틱 한 번 안 떨어뜨리고, 어이없는 실수도 안 하고, 투수로 치자면 8이닝을 던져 1실점 4안타 정도를 기록하는 깔쌈한 퀄리티 스타트를 기록했다(워낙에 야구를 좋아하기 때문에 나는 늘 공연 이후에 이런 식으로 오늘의 성적을 매겨보곤 하는 버릇이 있다. 공연이 너무 형편없는 날엔 6이닝, 8실점, 5사사구, 10안타 허용……이런 식으로 계산을 해본다).

하지만 이 익숙했던 나의 홈구장과는 2000년 어느 무더웠던 여름밤에 이별을 하게 되는데, 건물이 들어서 있던 지역 일대가 재개발되고 아파트가 세워지면서 건물 전체가 헐리게 된 것이다. 스팽글의 주인 누나였던 J씨는 아쉬운 마음에 그간 스팽글을 거쳐간 밴드들을 초대해서 마지막 공연을 가졌다.

줄리아하트도 그곳의 마지막 무대에 올라서 몇 곡을 연주했는데, 마지막 공연 때 드럼을 치면서 돌아가는 미러볼 불빛을 보며, 관객들의 표정을 보며, 일반적으로 흔하디 흔한 표현인 만감이 교차한다는 그 말의 느낌을 정확히 느껴볼 수 있었다. 난 이 공간이 내 청년 시절의 모든 것을 고스란히 가지고 있는 곳이라는 알 수 없는 믿음까지 가지고 있었다. 그만큼 나에겐 특별한 곳이었다. 아직도 지하에 있는 술집에 들어가다가 축축한 습기냄새와 향을 알 수 없는 방향제 내음을 맡으면, 그 내음들이 노상 나의 기억을 더블듀스로 정확히 데려다 주곤 한다.

더블듀스 시절 같이 공연하던 밴드들은 모두 30대를 넘어 이제는 이른바 4집 가수, 5집 가수, 혹은 심지어 중견 가수라는 농담을 서로 건네며 한 세월을 같이 보내고 있다. 개인적인 바람이지만, 세월이 많이 흘러 이들이 나이 마흔이 넘어도 '누구누구 밴드의 10집 앨범이 나왔다더라' 또는 '누구누구의 박스세트앨범이 나왔다더라' 하는 얘길 들어보고 싶고, 그것이 현실이 되었으면 한다.

며칠 전 저녁, 지금은 그 아파트 단지를 둘러싸고 있는 콘크리트 담장축대로 변해 있는 익숙한 그곳을 지난 적이 있다. 물론 공간 자

체가 사라져서 허탈한 마음도 없진 않지만, 문득 10년 전을 떠올리면
서 난 그 장소가 눈에는 보이지 않게 사라졌지만 내 청춘의 환영으로
내 기억 속에 남아 있어서 오히려 더 애틋할 수 있겠다는 생각이 들
었다. 갑자기 아련하고 애틋한 마음이 들면서, 더블듀스가 있던 건물
2층의 '불란서'를 유독 좋아하시던 유한마담 같으신 최사장님 얼굴
도 그리워졌다.

   하지만 그런 추억만을 떠올리기엔 홍대앞은 이제 너무나 많이 변
했다. 요즘 홍대앞 길을 걸을 때마다, 나는 늘 어떤 노래가 떠올라서
그 노래의 가사 한 구절을 곱씹어보곤 한다.

> 예전에 너와 걷던 그 길에 홀로 앉아
> 사진을 불태우며 낙엽을 바라본다.
> 문제는 니 얼굴이 너무나 달라져서
> 도무지 알아볼 수 없다는 사실이다.
> – 영화 〈복수는 나의 것〉 OST 中 '정말로 이상하다' 중에서

   홍대 정문 건너편에 있던 '계단집'이나 '88우짜집' 같은 선술집들
이 사라지고, 대규모 실내포장마차 같은 술집들이 생겨나고, 한국 여
자들에게 치근덕거리는 몇몇 외국인들을 볼 때마다 썩 유쾌하지 않

은 마음이 드는 나 자신을 보면서, 이제는 나도 이 동네의 '꼰대'가 되어가는 것이 아닌가 하는 마음이 들어서, 그런 마음을 먹는 나 자신에게 가끔씩 놀라곤 한다. 정들었던 것들, 익숙했던 것들이 없어지는 것에 대한 반감과 서운함……. 사람 마음이 다 그런 모양이다.

서준호 평소 테크노 음악을 리믹스하는 DJ '달파란'을 흠모해왔으며, 파워팝 밴드 '줄리아하트' 드러머를 비롯해 여러 밴드에서 멤버로 활동을 하다 순식간에 해산하는 좌충우돌을 거치던 중, 어느 날 신바람 이박사의 뽕짝 메들리에 감화되어 뽕짝 리듬에 빠져들었다. 마침내 본인의 예명까지 달파란을 패러디한 '볼빨간'으로 바꿔가며 무리한 끝에 달파란의 '달파란 테크노 리믹스 쑈'와 신바람 이박사에 대한 오마주라고 할 수 있는 앨범 〈볼빨간 지루박 리믹스〉를 데뷔 앨범으로 내놓았다. '지루박 돌려요'와 '나는 육체의 환타지', '지루박 메들리' 등을 통해 달파란과 이박사에 대한 존경심을 여지없이 과시했던 그는 인터넷방송 IM Station에서 〈볼빨간의 싸롱뮤직〉을 진행하고, 영화 〈거짓말〉, 〈하면 된다〉의 OST 작업에 참여하는 등 화려한 이력을 쌓아오다가, 현재는 인디음악 전문 레이블인 롤리팝의 대표로 신진 밴드를 발굴하는 작업에 몰두하면서 뮤지션으로서의 끓는 피를 삼시 식히고 있다. 최근에는 '슬로우즙(Slow6)'의 앨범을 제작했고 WBS-FM 원음방송 〈한밤의 음악여행〉의 진행자로도 활약하고 있다. lollipopmusic.net

애들아,
즐기면서
제대로 해!

제대로 해!

〉〉〉김 버 드

FREEBIRD

‘프리버드’ 맞은편에 있던 건물 알지? 저기 밖에 저 자리에 있던 건물 말이야. 왜, 외국 예술 서적 많이 팔고 그러던 서점이 있던 자리 잖아. 서점이 다른 데로 이사 가고 나서 얼마 전에 저 건물을 허무는데 엄청나게 고생했다 그러더라고. 보통 건물 하나 부수는 게 이삼일이면 되는데 저 건물은 일주일이 걸렸대. 건물을 얼마나 튼튼하게 지었는지 부수는 것도 그렇게 힘이 들었대. 꼭 저렇게 부수고 다시 지어야 되는 건가?

얼마 전에, 예전에 우리 가게에서 연주하다가 이제는 유명해진 밴드의 멤버를 길에서 우연히 만났는데, 하도 오랫동안 못 봐서 내가 전화번호를 물어봤어. 그리고 나중에 전화를 걸어봤는데 전화를 안 받더라고. 난 그게 매니저와 기획사 때문에 그러는 거라고 생각해. 매니저가 다 관리를 해주니까 그래서 자기가 마음대로 시간을 쓸 수 없는 거지. 기획사는 돈 벌기 위한 데잖아. 옛날 생각을 하는 마인드가 우리에겐 그렇게 부족한 거야. 일단 유명해지고 나면 연결이 끊어져버려. 이 동네하고는 벽을 쌓는 것 같아. 그러다 보니까 연락처도 모르게 되고, 길 지나가다가 만나서 전화번호를 물어보는 상황이 되고 그러는 거야.

어떤 그룹들이 여기서 공연하다가 유명해졌냐고? 많이 있지. 난 그 사람들이 인디 씬에서 활동하던 시절을 나중에 유명해지고 나서도 좀 자랑스럽게 생각했으면 좋겠는데, 오히려 회피하는 거 같은 느낌을 받아. 그렇지 않으면 가끔씩 좀 놀러오고 그래야 될 거 아냐. 그런데 그렇지가 않아. 옛날에 공연하던 곳이니까 자연스럽게 들르고 그래야 되는데, 와서 공연 한 번씩 가볍게 해주면 그거 자체가 우릴 크게 도와주는 거니까 말이야. 그냥 그거면 되거든. 우리는 언더그라운드랑 오버를 너무 심하게 구별하고 있어. 일본 애들은 그런 개념 자체가 없어. 유명해졌건 무명이건 똑같이 보거든. 그러니까 유명해졌다 해도 그냥 삶은 그대로 가는 거야. 예전처럼 모두 친구인 거야. 그런데 우리는 유명해지면 주변의 상황이 모두 다 바뀌잖아. 심지어 요즘은 아마추어 밴드가 매니저 데리고 다니는 경우도 있어. 아직은 무명이지만 유명 밴드가 되었을 경우에 대비해서 미리 그렇게 행동하는 거야. 아유 참, 내가 기가 막혀.

　옛날에는 거의 하루에 다섯 팀 정도가 공연했는데 요즘은 두 팀 세 팀밖에 공연을 안 해. 한 시간 반, 두 시간밖에 안 걸려. 게다가 여긴 음악을 들으러 오는 데가 아니라 라이브 공연을 보러 오는 곳이기 때문에 공연할 때가 아니면 장사가 안 돼. 그 사이에 밴드들이 다 바뀌어서 옛날에 하던 밴드들은 하나도 없어. 말하자면 이 분야에도 거품이라는 게 있어서, 옛날에는 쉽게 되는 줄 알았지만 잠깐 사이에 유명해지고 이러는 게 아니라는 걸 알고서 포기들을 하는 거지. 성숙해지는 거라고 볼 수도 있고 또 경기도 안 좋고 그러니까. 음악하는 것도 다 돈이 있어야 되는 건데, 돈이 있어도 노는 데 쓰고 나면 밴드하는 데도 지장이 있잖아. 이제는 밴드도 신비스러운 느낌이 없고, 예를 들어서 얼굴 좀 잘생긴 아이들은 여자들하고 노는 쪽으로 빠지기도 하고 그래. 사운드데이 행사 기간에는 평소보다 입장료가 두 배가 되는데도 백 명이 넘게 들어와. 사운드데이가 그렇게 큰 역할을 하는 거야. 그날은 공연도 두 시까지 해. 평일에는 공연하면 손님이 열 명 정도밖에 없어. 그래도 주말 손님들하고 사운드데이 덕분에 버티는 거야.

제일 힘든 건 역시 경제적인 거지 뭐. 난 여기다 모든 걸 다 투자했다가 망했고, 그 다음부터는 투자자가 없으면 유지할 수가 없어서 항상 누군가와 함께 일을 해. 처음엔 내가 혼자서 하다가 일 년도 안 되서 망하고, 사촌형, 사촌동생, 벌써 몇 명이 도와줬어. 투자는 원래 돈을 벌려고 하는 건데 돈이 잘 안 되는 일을 누가 하려고 하겠어. 이자 낼 돈도 안 나오는 일인데 아무리 좋아서 한다 해도 아무나 할 수 없는 일이지. 처음에는 라이브 클럽이라는 개념조차 거의 없던 시절에 이 일을 내가 시작했어. '드럭' 하고 프리버드 정도 있었는데, 당시에 손님으로 오던 아이들이 다 클럽 차려서 나가고 그랬지. 그런데 조금씩 하다가 없어진 클럽들이 너무 많았어.

프리버드 시작하기 전에는 20년이 넘게 광화문에서 '카사비앙카'라는 클럽도 했었어. 그때 인권이(전인권)랑도 거의 뭐 같이 살다시피 하고, 음악하는 애들이 많이 드나들었지. 그러다가 '광화문음악사'라고 음반점도 했었어. 그런데 내가 원래는 음반 제작에 관심이 있었거든. 그래서 내가 생각하기에 음반 제작을 하기 위해서는 라이브 클럽이 우선 있어야겠다는 생각이 들더라고. 라이브 공연장이 있어야 밴드가 자꾸 연주를 하고 실력을 키울 수 있으니까 말이야. 그래서 프리버드를 시작했는데, 저음에는 밴드에게 출연료를 줘야 하는데 손님은 한두 테이블밖에 없으니까 돈이 이중으로 깨지더라고.

그래도 옛날에 상황이 좀 나을 때도 있었어.《페이퍼Paper》,《인 서울 매거진In Seoul Magazine》처럼 당시에 공짜로 배포되던 스트리트 매거진들이 많이 생기고, 그런 곳에 프리버드가 자주 소개되면서 좀 나아졌고, '미스터 빅Mr. Big'이 한국에 왔을 때 우리 가게에서 기자회견하고 공연하고 그러면서 많이 알려졌었지. 1990년대 후반 무렵의 얘기야. 그리고 나중에 '스틸하트Steelheart'도 와서 공연했어. 하지만 역시 제일 큰 도움을 준 밴드는 '산울림'이야. 산울림 재결합 콘서트를 여기서 하고 공연 몇 번 하면서 제일 많이 알려졌지.

'네트Net'라는 밴드가 있었어. 리더가 베이스 치던 친구였는데, 결국 여기서 유명해지고 나서 기획사로 가서 음반 작업을 하다가 미국으로 갔지. 그 친구들은 라이브 공연장에서 음악을 하다가 실력을 인정받고 난 뒤에 기획사로 갔기 때문에 떳떳하게 말할 수가 있었지. 그런데 대부분 밴드들은 가만 보면 기획사에 들어가서 그 다음에 크려는 생각을 해. 사실은 이런 라이브 공연장이 잘돼야 좋은 밴드들이 나올 수 있는데, 기획사에서는 자기들이 키울 생각만 하지 이런 곳은 보통 무시하거든. 음악이 좋아서 음악이 주가 되어야 하는데, 아이들이 마음이 급하니까 기획사부터 찾아다니고 방송 출연부터 하려고 그러는 거야. 난 항상 아이들한테 그렇게 하지 말라고 말하지만, 아

홍대 앞으로 와

弘大
文化

이들이 나이를 먹다 보니까 마음이 급해지고 그때부터 달라지는 거야. 정말로 유명해지고 싶으면 남들 놀 때 연습하고 그래야 되는데, 놀 거 다 놀고 유명해지려고 하니까 그것도 문제야.

새로운 밴드가 프리버드에서 공연을 하겠다고 찾아오면 오디션을 보는데, 난 그 아이들이 잘하나 못하나 그런 걸 우선적으로 보지는 않아. 오디션은 말하자면 서로 인사를 나누는 절차 같은 거야. 옛날에 초창기 때는 무대에 세워주고 나서 아이들이 연주를 잘 못 하면 답답하고 그런 적도 있었어. 그런데 계속 아이들을 겪다 보니까 처음에는 못하던 밴드가 열심히 하다 보면 오히려 잘 하던 다른 밴드보다 더 나아지는 거야. 그런 밴드들 중에 한 밴드의 멤버가 나중에 그런 얘기를 하더라고. 원래는 몇 군데 클럽에 가서 오디션을 봤다가 탈락하고 마지막으로 프리버드에 가보자고 해서, 그래서 여기 왔다가 이런 행복을 누리게 되었다고 얘기하더라고. 그런 애들이 나중에 대학가요제 나가서 상도 받고 그러더라고. 그럴 때는 정말 보람을 느끼지. 그러니까 여기는 다른 클럽에서 안 받아주는 밴드도 많이 받아주는 곳이야. 발전소 같은 곳이지. 여기서 열심히 연주해서 잘되면 다른 곳으로 가기도 하고 그러니까 말이야.

밴드를 하려면 자기들 스스로 남의 음악을 듣고 즐길 줄도 알아야 되는데, 보통은 자기들 공연만 마치고 나면 다른 밴드 공연은 안 보고 바로 가버리는 거야. 다양한 밴드의 공연을 봐야 되는데 자기들하고 친한 밴드가 아니면 그러지를 않더라고. 서로 같은 날 같은 클럽에서 공연을 하면 자기들 차례가 지나도 남아서 같이 즐기면서 봐주고 그래야 되는데, 공연만 마치면 어디 다른 데 가서 놀 생각만 하거든. 자기들이 클럽의 분위기를 재미나게 만들어줘야 되는데 오히려 분위기를 깨고 가는 셈이야. 즐겨야 되잖아. 당연히 같이 즐겨야 되잖아. 그런데 빨리 끝나고 밖에 가서 놀 생각들을 하니까 문제야. 그러면서도 사람 많이 오길 바라잖아. 자기들 행동은 그렇게 안 하면서 말야. 그러고는 클럽에 사람 없다고 뭐라 그런다고.

내가 왜 이런 얘길 하냐면, 가끔씩 외국인들로 구성된 밴드가 공연할 때가 있어. 그런데 얘네들은 공연할 때는 오히려 조용히 행동하고, 무대에서 내려오고 나면 다른 팀들이 공연할 때 막 응원하고 그러는 거야. 같이 즐기는 거지. 냉장고에 있는 맥주가 바닥이 날 때까지 마시면서 놀아. 이 친구들은 한국 밴드들이 자기들 공연만 끝나면 바로 돌아가는 걸 이해를 못 하더라고. 남을 즐겁게 해주려면 자기부터 즐길 줄 알아야지. 자기가 즐길 줄도 모르고 즐겁지 않은데 어떻게 남을 즐겁게 해? 오히려 관객한테 즐거움을 받을 생각들만 하고 말야. 그래서 난 애들한테 항상 그렇게 말해.

"애들아, 즐기면서 제대로 해!"

그런데 그걸 행동으로 보이는 애들이 거의 없다니까.

축구경기 볼 때도 그러잖아. 운동장에 한번 가지도 않으면서 선수들이 조금만 실수해도 안방에 앉아서 막 심하게 욕을 하고 말이야. 사람들이 경기장에 와서 응원을 많이 해줘야 축구가 발전되지. 클럽도 마찬가지야. 사람이 많이 와야 발전하는 거야. 가끔씩 펑크 음악하는 애들이 무대 위에서 좀 평범하지 않은 행동을 하거나 그럴 때도 있는데, 그런 행동 하나만 가지고 너무 여론에서 몰아붙이고 나쁜 아이들로 매도하고 그러면 안 돼. 클럽에 한번 와보지도 않고, 걔네들이 어떻게 음악을 했는지도 모르면서, 행동 하나만 가지고 너무 욕을 하면 안 된단 말이야. 펑크 밴드 멤버들 가운데 내가 엄청나게 좋아하는 아이가 있어. 그 애가 낮에는 회사에서 용접일하고 밤에는 음악을 하는 애야. 그 아이는 연습할 시간이 부족하니까 라이브 공연하는 거 자체가 연습이자 곧 공연이야. 무대 위에서 엉뚱한 짓도 좀 하고 그래서 욕을 먹기도 했는데, 펑크 밴드의 특성이 좀 그런 면이 있거든. 저 사람들이 '왜 저럴까'라고 의문을 갖는 건 순서가 틀렸어. 펑크 음아음 하는 애들이니까, 어떻게 보면 자기들에게 맞는 행동을 하는 거야. 그러니까 뭐든지 내가 하면 로맨스고 남이 하면 불륜이고 그런 거잖아.

내가 아무리 음악이 좋아서 이렇게 10년째 라이브 공연장을 꾸려 가고 있다 해도 정작 음악을 하는 사람만큼 좋아할 수는 없잖아. 그런데 정작 연주를 하는 아이들이 음악에 완전히 푹 빠지지 못하는 모습을 볼 때에는 아쉬운 생각이 들어. 남들하고 다르게 창조적으로 멋지게 할 수 있는데, 그러지 않고 자꾸만 다른 그룹들하고 자기들을 비교하려고만 하고 그러는 모습을 보면 안타까울 때가 많아.

올해가 프리버드를 시작한 지 10주년째야. 원래는 좀 크게 기념공연도 하고 우리 클럽을 거쳐갔던 밴드들도 좀 초대하고 그럴 생각이었는데, 개런티 비싸게 주고 데려올 수는 없는 형편이라서 말이야. 안 되면 그냥 지금 공연하는 아이들하고 우리끼리 하지 뭐. 이거 계속 유지하려면 내가 다시 조그맣게 음반 가게라도 차려서 돈을 좀 벌어야 될 텐데⋯⋯. 하지만 어떻게 보면 내가 돈을 못 벌었기 때문에 변함 없이 더 욕심 안 부리고 이렇게 유지할 수 있었는지도 몰라. 아무튼 중요한 건 돈이 안 되도 꼭 해야 하는 일은 해야 한다는 거야.

애들아, 즐기면서 제대로 해!

김버드(김한택) 홍대앞 라이브 클럽 프리버드를 10년째 운영해오고 있는 홍대앞 라이브 클럽 문화의 산증인. 공연을 할 수 있는 라이브 무대가 있어야 실력 있는 밴드가 자랄 수 있다는 신념으로 한결같이 프리버드를 지켜오고 있디. 최근에는 음반 기획, 제작일도 하고 있다. cafe.daum.net/FREEBIRD

끝은 끝의 시작이다!

THE END IS
THE BEGINNING IS
THE END

>>> 백정호

The Smashing Pumpkins(1988~2000)와 Metro

사진제공_ sunny&gatto

I Am One ; to the last Metro show

거개 인간은 첫 만남의 순간과 마지막 기억을 추억으로 간직하기 쉽다. 미국 시카고의 클럽 '카바레 메트로Cabaret Metro'에서 1988년 10월 5일에 시작해 2000년, 12월 2일까지 이어진, 슈퍼 록 밴드 '스매싱펌킨스Smashing Pumpkins'의 우리 시대 '쉽지 않은' 이야기……

1990년대 커트 코베인Kurt Cobain을 필두로 시애틀 빅4로 대변되던 미국 얼터너티브록의 주류 전복기에 중서부 인디뮤직 씬의 자긍심 어린 핵심지역 시카고 출신 밴드로 독자적이고도 풍요로운 '얼터네이션'을 구축했던 스매싱펌킨스. 더 깊은 예술, 더 넓은 대안을 동시대적 사명감으로 펼쳐보이며 '그런지'가 아닌 '얼터너티브 뮤직'이 기여할 수 있는 최고의 미학적 성취를 이뤄낸 스매싱펌킨스!

2000년 5집 〈MACHINA/ The Machines Of God〉 릴리스와 더불

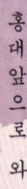

홍대앞으로와

弘大
文化

어 월드 투어를 시작할 무렵인 5월 23일, LA 지역 라디오 방송에서 프런트맨 빌리 코건Billy Corgan이 밝힌 스매싱펌킨스 최악의 뉴스, 해체 소식. 브리트니와의 선전이 힘들다는 반진담.

이후 일본 공연, 천우신조로 마주할 수 있었던 7월 4일 한국 서울 올림픽공원 체조경기장에서의 꿈 같았던 하룻밤The First And The Last Live In Seoul, 캐나다 및 유럽 투어, 그리고 마지막으로 남겨진 그들의 연고지 시카고에서의 뜻 깊은 'Return Home Show' …….

2000년 12월 2일 토요일. 스매싱펌킨스의 홈타운 미국 일리노이주 'Windy City' 시카고. 미시간호에서 불어오는 바람이 멜랑콜리하게 저녁 7시 반을 향하며 노스 클라크North Clark가로 찾아든다.

MLB 시카고 컵스의 홈구장 리글리필드Wrigley Field에서 북쪽으로 두 블록 떨어진 곳에 위치한 작은 클럽 카바레 메트로. 로컬밴드로 시작한 스매싱펌킨스가 4명의 정규 라인업으로 첫 무대를 소란스레 펼쳤던 처녀성 가득한 성지. 이제, 스매싱펌킨스라는 명예로운 이름으로 12년 동안의 드라마틱했던 그들 밴드의 여정이 최종 마감되는 이곳 메트로.

그래미상 수상에 빛나는 3,000여 만 장에 달하는 레코드 판매고를 올린, 200여 곡에 이르는 릴리스와 30여 개 나라에서 900여 건을 상회하는 공연을 성사시켜온, 빌보드 모니터Billboard Monitor 상 가장 많이 연주된 얼터너티브록 밴드로서 1990년대 음악계의 지표와도 같은 이 세계적 명성의 록 밴드가, 12년 전 무명의 일개 로컬밴드로서 첫 공연을 펼쳤던 곳, 메트로에서 유종의 미를 거두려 한다. 수용인원 1,000명을 겨우 넘는 작은 클럽 메트로에서 대단원의 막을 내리려 한다.

그들의 음악인생 동안 믿음직한 친구이자 초대 매니저이기도 했던 클럽의 소유주 조 새넌Joe Shanahan과, 밴드 초기 시절부터 변함없이 자신들을 지지해준 고향 팬들의 따뜻한 사랑에 대한 보답을 세상 그 무엇보다 소중하게 남겨둔 것이다. 시카고시는 스매싱펌킨스의 파이널 쇼가 있는 날을 '스매싱펌킨스의 날Smashing Pumpkins day'로 명명하며 시카고가 배출한 자랑스러운 록 밴드를 기렸다.

유사 이래 가장 슬프고도 가슴 벅찬 시간을 기다리며 서 있는 스매싱펌킨스의 로열팬들은 메트로 앞에서 500여 미터의 장엄한 행렬을 이루고 있다. 스매싱펌킨스는 그들에게 음악을 넘어 문화와 철학이 있는 하나의 세계였다. 그 세계에서 삶을 견뎌내고자 했던 이들, 사랑과 증오가 끝내 한몸이었던 'Siamese Dream'을 꾸고자 했던 이들, 어쩌면 그네들 인생의 모든 것이었을 한 밴드와 이별해야 하는.

암표는 물론이고 위조티켓까지 나돈 이날 공연. 플로리다, 뉴욕, LA, 시애틀…… 아니 지구촌 곳곳에서 형언할 수 없는 감정으로 이 기념비적인 날을 직접 마주하기 위해 메트로로 찾아든 이들. 아, 오후 7시 반이 넘어서면 그들 삶의 연대기에서 돌이킬 수 없는 작별의 시간들을 볼드체로 기록하게 될 것이다.

그들 인생에 '찬란한 어둠의 빛'을 안겨주며 인간이라는 불완전체의 '무한한 슬픔'을 찬미해줬던 잔혹한 지성과 우아한 폭력의 사이키델리아, 90년대 동시대인의 페르소나를 음악이라는 에고로 고민해줬던 스매싱펌킨스, 그리고 빌리 코건이라는 우리 시대가 기억할 만한 영민한 싱어송라이터를 스매싱펌킨스 이름 안에서 위안받을 수 있는 마지막 'Tonight, Tonight'. "내 인생에 있어 가장 중요한 순간"이라는 한 팬의 외침. 그럴 것이다. 이곳의 로열팬들이라면 모두가.

끝끝내 티켓을 구하지 못한 500여 명 이상의 팬들이 메트로 앞에서 차마 발걸음을 돌리지 못한 채 진을 친다. 입장하지 못한 이들을 위해 메트로 소유주 조 새넌은 클럽 밖에 스피커를 세팅하여 라이브를 느낄 수 있도록 배려한다.

록 음악 씬에 있어 한 획을 그은 별이 지는 저녁, 밴드와 팬들, 밴드와 클럽, 클럽과 팬들이 하나가 되는 공연이 막을 올린다. 시카고 시장으로부터 스매싱펌킨스에게 전하는 감사의 작별인사가 낭독되었고, 8시를 넘어서면서 'Mellon Collie And The Infinite Sadness'가 흐르는 가운데 멤버들의 등장으로 시작된 마지막 공연. 'Rocket', 'I Am One'에서부터 대단원의 앵콜곡 'Silverfuck'의 스펙트럼에 이르기까지 장장 4시간 반에 걸친. 데뷔작 〈Gish〉로부터 영악한 음반 비즈니스와 모던뮤직의 적들을 보란 듯 엿 먹이며 온라인을 통해 무료배포된 〈Machina Ⅱ - The Friends and Enemies of Modern Music〉에 이르기까지 12년에 걸친 밴드의 역사와 정신을 노래하는 걸작 다큐멘터리. 장장 37곡에 이르는 세트 리스트. 끝이 없다고만 믿고 싶던 열정과 열광의 스테이지.

시간이 흐를수록 기약할 수 없는 헤어짐이 가까워지고, 하나둘 팬들의 눈엔 눈물이 흐른다. "God bless you, and God bless The Smashing Pumpkins(당신과 스매싱펌킨스에게 신의 축복을!)." 프런트맨 빌리 코건이 스매싱펌킨스의 이름으로 남긴 마지막 말. 그리고 더 이상의 애틋한 작별인사는 차라리 눈물로 남겨졌다. 빌리 코건의 눈물, 팬들 또한 눈물만이 그들의 작별을 더욱 신성시할 수 있다고 믿는 듯했다. 그렇게 'Zero'로 돌아선 메트로의 밤이 저문다. 스매싱펌킨스의 날이 어제로 간다.

공연장에는 열렬한 팬들뿐만 아니라 가족, 친구들, 취재진과 관계자들이 함께했다. 빌리 코건의 아버지 빌리 코건 시니어 Billy Corgan SR, 여자친구인 엘레나 Yelena, 빌리가 존경해온 시카고 출신 대선배 밴드 '칩트릭 Cheap Trick'의 릭 닐슨 Rick Nielsen, '푸파이터스 Foo Fighters'의 데이브 그롤 Dave Grohl, 스매싱펌킨스(〈Gish〉)와 '너바나 Nirvana'

(《Nevermind》)의 1집 프로듀서였던 얼터너티브록의 막후 대부 부치 빅Butch Vig(현 '가비지Garbage') 등.

작별 파티. 모두는 고마웠다고, 함께해준 시간과 에너지로 즐거웠다고 서로의 마음을 다해 전하지 않았을까, 언젠가 말했던 빌리 코건의 말처럼. "거기 있어줘서 고맙고 또 들어줘서 고맙다. 들으면서 신경질내고 기뻐하고 슬퍼한, 그 모든 것을 동시에 해준 것에 대해서도 감사한다. 인생은 모든 것인 동시에 또한 아무것도 아닌 것이다(내가 이 두 가지를 섞어 제대로 딱 1/2로 나눌 수만 있다면). 우리를 계속해서 지지해준 사람들에게 특별한 감사를. 그리고 앞으로도 영원히 우리를 이해하지 못할 녀석들에게는 fuck을. 사랑, 평화, 이해, 욕망, 장난 그리고 기쁨과 함께……."

그리고, 슬픔의 정점을 내려와 메트로를 나서는 상심에 찬 모든 이들에게 감동적인 마지막 선물이 스매싱펌킨스와 메트로로부터 전해졌다. 1988년 스매싱펌킨스가 메트로에서 첫 공연을 펼쳤던 최초 라이브 음원을 수록한 특별 기념반. 그렇게 그들은 서로의 처음과 끝이 존경받는다는 것을 확인한다. 재킷의 일러스트는 당시 대학에서 그래픽 아트를 전공하던 제임스 이하James Iha가 직접 그린 것이라 그 의미는 한층 더했다.

세상에서 가장 많이 팔린 더블앨범을 가진 밴드라는 혁혁한 전과,

그러니까 2장짜리 작가주의에 빛나는 더블앨범(〈Mellon Collie And The Infinite Sadness〉, 1995)으로도 세계를 상대로 1천만 장 이상의 세일즈를 기록한 '포스트-그런지' 의 슈퍼골리앗이라면, 만약 당신이. 이보다 더 아름다운 뒷모습을 보일 수 있을 것인가. 겸손하고 사려 깊게도 처음과 끝을 한결같이 선물할 수 있을 것인가. 오직 팬들에게.

"Please enjoy this special gift from the Smashing Pumpkins and Metro. This is a recording of the Smashing Pumpkins' first show at Metro on October 5th, 1988. The artwork is by James Iha. We hope you enjoyed the show, and we thank you for your many years of support."

— The Smashing Pumpkins and Metro

"스매싱펌킨스와 클럽 메트로가 드리는 이 특별한 선물을 받아주십시오. 이 앨범은 스매싱펌킨스가 1988년 10월 5일 이곳 메트로에서 처음 공연을 가졌던 당시의 기록을 담은 것입니다. 일러스트는 제임스 이하의 작품입니다. 저희들의 마지막 공연을 여러분도 마음껏 즐기셨으리라 믿습니다. 지금까지 우리를 성원해주셔서 정말 감사했습니다."

— 스매싱펌킨스와 클럽 메트로

First show by the Smashing Pumpkins.
Special gift-CD handed out on last show @Metro, Chicago (2000. 12. 2)

홍
대
앞
으
로

와

I Am One ; from the first Metro show

빌리 코건과 메트로의 조우는 빌리가 처음 메트로를 찾았던 17세 때로 거슬러간다. 당시 메트로는 얼터너티브 뮤직이 곧잘 공연되던 곳이었다. 1980년대 후반 메인 스트림의 상업적 팝메탈과 신보수주의 문화에 염증을 느끼던 비슷한 또래의 10대들은 얼터너티브에 환호했고, 메트로는 그때 시카고에서 얼터너티브 뮤직을 들을 수 있는 전당과도 같은 곳이었다고 빌리는 회고한 바 있다. 그때 빌리는 '나중에 밴드를 하게 되면 꼭 여기 메트로에서 공연을 해야지!' 하고 결심했는데, 그 17세때 소박한 꿈이 4년 뒤 마침내 실현된 것이다.

'빌리 코건(보컬/리드기타), 제임스 이하(리듬기타/보컬), 다아시 렛츠키 D'arcy Wretzky (베이스/보컬), 지미 챔벌린 Jimmy Chamberlin (드럼)'의 라인업은 빌리 코건이 제임스 이하를 만나면서부터 시작되었다. 10대 후반, 플로리다에서 고스록 goth - rock 밴드인 '마크트 The Marked'(빌리 코건의 팔에 태생적으로 있는 딸기 같은 큰 반점에서 명명)의 멤버로 잠시 활동하다 1987년 시카고로 돌아온 빌리는 레코드 가게에서 일하던 중 '스네이크트레인 Snake Train'이란 밴드에서 활동하며 대학 재학 중이넌 기타리스트 제임스 이하를 만나게 되고 드럼머신을 사용해 곡 작업과 연주에 임하게 된다. 이듬해 클럽 '아발론 Avalon' 밖에서

벌이던, '댄리드네트워크Dan Reed Network'(1980년대 후반 AOR: Adult-Oriented Rock 밴드)에 대한 언쟁을 계기로 홍일점 다아시가 베이시스트로 합류하게 된다.

이렇게 '3인+드럼머신'으로 아발론에서 50여 명의 관객 앞에서 라이브를 행한다. 곧 그들의 음악을 들은 메트로의 조 새넌은 드럼머신이 아닌 드러머 합류를 권고하며 메트로에서의 고정출연을 약속하게 된다. 이윽고 재즈밴드에서 활약하고 있던 지미 챔벌린이 가세, 비로소 완전한 스매싱펌킨스가 탄생한다!

"1988년 10월 5일이었습니다. 그 즈음 우리는 일개 로컬밴드에 지나지 않았고, 무척 긴장했습니다. 사람들은 각자 떠들고 있었어요. 수요일 밤, 시카고 바에 모인 사람들은 대부분 맥주를 마시지 않아요. 그래서 우린 마셜앰프가 떠나가도록 크게 연주했지요. 아무도 떠들 수 없을 정도로 말입니다. 예, 그게 우리의 첫 스타일이었어요. '모두들 입 닥치고 조용해!'"(빌리 코건)

4인조 정식 라인업으로 메트로에서 스매싱펌킨스의 첫 라이브 무대가 펼쳐진 것이다. 메트로의 조 새넌은 '제인스어딕션Jane's Addiction'의 공연 오프닝 밴드로 스매싱펌킨스를 주선했고, 초기 스매싱펌킨스의 활동에 지원과 매니지먼트를 아끼지 않았다. 결국 스매싱펌킨스는 그들의 각별한 음악 자질과 함께 시카고에서 두각을 나타내며 메트로 최고의 그룹으로 자리한다. 스매싱펌킨스와 메트로, 메트로의 오너 조 새년 간의 기나긴 우정이 튼실한 싹을 틔우는 장면이다(이즈음에서 성급하지만 2집 〈Siamese Dream〉의 'Today'가 그 기타 인트로 프레이즈를 들려준다면 오버랩 BGM으로 썩 어울리겠다).

그렇게 바우하우스 스타일의 고딕메탈과, 허스커 두Husker Du를 위시한 미니애폴리스 펑크록 사운드 만연하던 1980년대 후반, 시카고 록필드에 스매싱펌킨스는 새로운 물꼬를 튼다. 하드록, 사이키델릭, 거기에 글램이 결합된 그들의 초기 음악 스타일. 멤버 구성(금발의 여자 베이시스트, 일본계 기타리스트)만큼이나 묘한 아우라를 발산하며 빌리 코건의 비범한 작곡 능력이 드러나기에 이른다. 빌리 코건은 그때부터 이미 범용성의 귀재였을까. 복고풍 밴드로 간주하기에도, 그런지 밴드로 간주하기에도 비교 적절치 않은 사운드. 스매싱펌킨스는 시카고 팬들을 모으며 로컬밴드로서 명성을 높여가기 시작했다.

메이저와 인디 레이블과의 관계를 적당히 유지하며 버진 레코드Virgin Record 산하 캐롤라인Caroline과 계약한 스매싱펌킨스. 이후 결정적인 두 천재(빌리 코건과 프로듀서 부치 빅)의 만남이 있었고, '지적인 흥분, 우울한 감성, 전율적인 리프의 새로운 시대음악'으로 정평이 난 데뷔앨범 〈Gish〉(무성영화시대의 전설적인 미국 여배우 릴리안 기시Lillian Gish의 이름을 땀)를 1991년에 발표한다. "The Name Maybe A

Vegetable, But The Sound Is 100% Meat!(이름은 야채일지 몰라도, 사운드는 100% 고기다!)"라는 캐치프레이즈를 내걸고. 〈Gish〉는 '얼터너티브 빌보드'라 불리는 CMJ 차트 1위를 획득하고 그해 '올해의 데뷔앨범'으로 선정된다. 영국의 메탈 음악 전문지 《케랑Kerrang!》으로부터는 파격적으로 별 다섯 개를 받기도 했다. 다재다능다작 부치 빅의 대작이었던, 너바나의 〈Nevermind〉의 핵폭발로 빛이 바래긴 했지만.

"1집 〈Gish〉는 모두가 하드록 음악을 더 이상 할 수 없을 거라고 말하는 이들에게 주는 fuck you였고, 2집 〈Siamese Dream〉은 그런지가 옷 맵시 형편없는 애들이나 하는 음악이며 단지 농담에 불과하다고 말하는 이들에게 주는 fuck you였으며, 더블앨범 3집 〈Mellon Collie And The Infinite Sadness〉는 우리가 흔해빠진 또 다른 그런지 밴드일 뿐이라고 말하는 이들에게 주는 우리의 굉장한 fuck you였어요. 4집 〈Adore〉도 그런 맥락에 준한 또 한 번의 fuck you인 거지요. 우리는 언제나 우리 식대로 말해왔습니다."(빌리 코건)

1990년대 미국의 록 씬, 1990년대의 시대정신이 펑크의 에토스를 계승한 그런지의 기타 톤으로 분출될 즈음, 얼터너티브록으로 대표되는 그 거대한 에너지의 장 가운데에서도 독특한 세계를 만들어내며 얼터너티브에 대한 얼터너티브, 록의 또 다른 대안으로서 군림해

왔던 밴드. 너바나는 펑크의 계승론자임을 자처했고, 스매싱펌킨스
는 그보다 더 많은 색조(사이키델릭, 하드록, 펑크록, 헤비메탈, 뉴웨이브,
드림팝 등)를 펼치며 또 명백한 부조화를 조화롭게 매치시키며 한 시
대를 장식했다.

　　그들 사운드의 최대 특혜인 사이키델릭 흐르는 대기에 지성과 폭
력 또 왜곡과 변주가 아름답게 조화로운 '펌킨스왕국'. 하드한 기타
리프와 정과 동의 중후하면서도 낭만적인 멜로디, 빌리의 여린 듯 신
경질적인 비음 보컬, 우울하면서도 서정적인 빌리 코건의 지난 삶의
상처와 사랑, 팝적인 감수성과 기괴한 세계관이 담긴 노랫말……. 더
이상은 자제하겠다. 자세한 디스코 · 바이오그래피는 대부분 아시는
대로다. 또는 숱한 온 · 오프 매체에 기록된 대로일 게다. 각자의 관
심에 맡긴다. 앞에서 스매싱펌킨스를 미화하려 한 혐의로부터 자유
로울 순 없을지 몰라도 철저한 팩트를 가지고 임한 제정신임은 밝혀
둔다. 다소 과잉 생성된 스매싱펌킨스에 대한 애정과 존경심을 진정
시켜보자면, 그저 난 주제넘지 않은 듯 다소곳하게 다음과 같은 메시
지를 전하고픈 것 같다.

Just like old friends

스매싱펌킨스와 메트로. 밴드와 클럽. 훌륭한 로열팬들. 변함없는 시카고언으로서의 그들. 지역공동체로서의 그들. 음악인생 친구로서의 그들. 서로를 지지하며 같이 고민하고 기뻐하고, 고단한 길 마음 맞는 동행자로서의 그들. 빌리 코건과 스매싱펌킨스가 보여준 정신과 가치관, 일종의 모범과 기억할 만한 실천들은 시카고의 후배 밴드, 다시 말하면 시카고록의 미래가 될 '킬한나Kill Hannah', '로컬HLocal H' 처럼 메트로를 기반으로 '열심히 노력하는 밴드'들을 꾸준히 이끌어내고 있는 것이다. 메트로 홈페이지www.metrochicago.com에 가보면 'FRIENDS OF METRO'에 빌리 코건의 이름이 뚜렷하다. 따뜻하다. 'STAFF PICKS'를 보면 조 새넌의 경우 '즈완Zwan' 이후 빌리 코건의 최근 첫 솔로앨범 〈The Future Embrace〉가 1순위로 등재되어 있다. 괜스레 뿌듯하다.

스매싱펌킨스는 자선활동으로도 유명한데, 그들과 메트로 소유주 조 새넌의 '믿을 맨'으로서의 일례 하나. 1999년 3월 펌킨스는 일리노이주의 자선단체인 Make a Wish 재단의 연례 시상식에서 'Fountain of Hope(희망의 원천)상'을 받은 바 있다. 그것은 시카고에서 열렸던 자선공연 수익금 50만 달러를 Make a Wish 재단에 기부한 데 대한 공로를 인정받은 것으로, 그 금액은 역대 기부금 중 최고 액수였고, 수상식 당시 스매싱펌킨스는 LA에서 공연 중이었기에 불가항력으로 직접 그 상을 수상할 수 없었다. 맞다. 대신 그들의 오랜 친구 조 새넌에게 대리수상을 부탁했고, 조는 빌리의 마음이 담긴 감사문을 시상식장에서 낭독하며 대리수상했다.

뭐, 내가 이야기하고 싶은 것은 이들의 우정이다. 신뢰. 밴드와 클럽이 보여줄 수 있는 최선. 느껴줬음 하는 건 스매싱펌킨스의 '애티튜드'다. 변함없는 마음가짐. 쉽지 않은 선택을 한 후 결행되는 자기 신념의 빛나는 자긍심. 아티스트적 예술혼. 뚝심 어린 진정성. 연을 맺은 클럽과 팬을 속 깊게 배려할 줄 아는.

홍대 주위의 클럽들과 밴드들, 로열팬들. 그들이 지금 어떤 온도와 스킨십으로 유지되고 있는진 모르겠다. 얼마만큼 촘촘하고 끈끈한 네트워크와 연대의식으로 유지되고 있는지 단언할 순 없지만, 스매싱펌킨스와 시카고, 또 클럽 메트로와 운영자 조 새넌의 따뜻하게 얽히고설킨 이야기를 참 애써 전하는 이유는 '기대' 때문이다. 우리의 홍대 앞 몇몇 블록에 옹기종기 모여 있는 클럽들과 밴드들, 귀한 팬들, 그들이 함께 나눠가길 비라 마지않는 우정과 꿈. 다정다감多情多感함. 그것마저 저버린다면, 이 기형적 서울공화국(이건 곧 개발도상국의 부끄러운 거대 증거다)에서 집중비대해진 여의도 최강 기형공룡에게 대적할 길은 분하지만 없을지 모른다.

홍대를 거쳐서 저 머나먼 여의도, 심한 메이저의 땅으로 올라선 국내 몇몇 밴드들이 있을 것이다. 그들에게 5학년 2학기 초등학생이 되어 귀여웁게 물어보고 싶다. "오빠언니들은 혹 스매싱펌킨스보다 위대해요?" 아니다. 따지고 보면 그것은 기획사에게 물을 노릇일 수 있지만. 여의도에서 홍대로 돌아오는 길, 엘도라도에서나 찾아야 하나. 동시대 그 어떤 시카고의 못난 밴드가 그랬던 것처럼, 'Return Home Show' 한번 펼칠 수 있기를. 그렇게 그저 살아 멋진 희망의 증거를 자주 보고 싶다. 홍대앞에서.

1996년 MTV 뮤직비디오 시상식에서 '1979'로 '베스트 얼터너티브 비디오상'을 받은 후 스매싱펌킨스의 빌리 코건은 "우리가 아직까지 대안적alternative이라니 행복하다"는 말로 수상소감을 밝힌 바 있다. 이어 "이제 얼터너티브라는 말은 개똥이 되어 땅에 떨어져버렸지만, 중요한 것은 우리가 어디로부터 출발했는가이다"라고 그답게 덧붙였다. 그래, 그건 변함없는 핵심이다. 출발점, 우리가 시작했던 출발점 말이다. 오염되어 관성이 붙고 정형화되고 공식이 되기 전에. 그럴 수밖에 없었던 때의 절박함과 그 가치에 대한 신념을 갖고 떠나온 그 지점 말이다.

홍대앞으로 와

弘大文化

백정호 하이스토리 엔터테인먼트에서 음반기획실장으로 행세 중이다. 체 게바라를 읽고, 스매싱펌킨스의 음악을 들으며, 고양이 써니와 함께 사는 것만으로도 이번 생이 견딜 만하다는 그는 최근 새긴 스매싱펌킨스의 타투가 흡족하다며 사악한 웃음을 흘린다. KMTV 매거진, 웅진뮤직 매거진, 퓨전문화잡지 《런치 박스(Lunch Box)》 등에서 음악담당 기자로 지냈고, 재미로 음악채널팀장, 판당고코리아 음악잡지기획팀장 등을 거치면서 홍대앞 라이브 클럽과 인디뮤직 씬에 대해 신념 있는 밴드 취재 등을 해왔다. 결과적으로 홍대앞을 위해 한 일은 자판을 두드린 것밖에 없다고 겸손을 떨며 부끄러운 양심고백을 하지만, 홍대앞 뮤지션들에 대한 남다른 애정을 지닌 그는 앞으로도 열심히 자판을 두드릴 것이다. spheart@empal.com

소복이

아침에 일어나서 '어떤날'의 노래를 듣고, 집을 나서면서 '언니네이발관'의 CD를 들고 나왔다.
당신이 아닌 것을 왜 당신인 척하나요, 이 가사가 귀에 박힌다.

♪ ♪ ♪ 이 현 주

www.ziha31.net
www.sobogi.net

그림이 잘 안 그려지는 날엔,
스케치북과 펜을 챙겨 들고 홍대앞 카페에 간다.
그곳엔 얼마 전에 동네주인이 된 류이가 있고,
빛이 잘 드는 작은 테이블, 내가 좋아하는 자리가 있다.

류이는 여느 때처럼 가장 큰 잔에
세상에서 제일 맛나는 커피를 가득 부어주고,
나는 그림을 그린다.
내가 좋아하는 음악이 나오는 날은 최고로 고마운 날······

소
복
이

"오늘 소복이들은 다 우울하네."
"뭐, 안 좋은 일 있으세요?"
그림 속 '소복이들'을 보는 사람마다 그런다.
"괜찮은데요~" 씨익 웃으며 대답했지만, 마음속에 뭔가 있긴 있다.

신기한 일이다.
나도 모르게 내 마음이 그림 속에 나타나고, 그 마음을 사람들이 안다.
신기하면서도 다 들키는 거 같아 창피하다.

그들과 나는

어른들이 싫어할 법한 얘기들만 한다.
길을 걷거나 커피를 마시거나 서점에 가는 것을 좋아한다.
세상의 중심에서 조급하게 사는 것보다 변두리에서 빈둥거리기를 원한다.
지금 그대로도 괜찮다고 말해준다.
그냥 터덜터덜 삐뚤삐뚤 걷자고 한다.

마켓에서 만난 내 고마운 친구들……

홍
대
앞
으
로

와

弘大
文化

소
복
이

마음이 좀 그럴 때 좋은 음악은 '약' 같은 거다.
언젠가 우연히 보석 같은 그의 노래를 듣고, 그의 첫공연을 내내 기다려왔다.

공연이 시작되고 그가 작은 소리로 이야기를 하다가 노래를 부른다.
나는 착한 학생처럼 얌전히 앉아 그의 노래를 듣는다.
눈물을 꾹 참는 그의 모습을 보니 마음이 짠했다.

그의 이야기와 노래가 진심으로 느껴진다.
당분간 살아갈 힘을 얻은 것 같다.

화방 가는 길에 거리에서 만난 사람들 모두 신나고 행복해 보였다.
나도 모르게 고개를 숙이고 걷는다.
건널목에 서서 신호가 바뀌기를 기다리다가 살며시 고개를 들어보니, 웃음이 났다.
간혹 나 같은 사람들이 보일 때가 있어서 그렇다.

나와 같은 표정으로 나와 같은 거리에 서 있는 사람들......
그래도 그나마 다행이네.

S.

홍대 후문 근처에 있는 독서실을 다녔던 고3 때,
그때는 마음이 이상해질 때가 많았다.
그럴 때마다 독서실 앞에서 버스를 타고 종점까지 다녀오거나,
아이스크림을 먹으면서 홍대 안을 천천히 가로질러 돌아왔다.

이 거리를 걷던 고등학생 시절의 소복이를 다시 만날 수 있다면,
가슴이 가끔 먹먹해지는 건 어른이 돼도 그럴 테니 너무 신경쓰지 말라고,
조금은 천천히 걸어도 괜찮을거라고 말해주고 싶다.

소복이(이현주) 디자이너, 일러스트레이터. 카페에서 커피를 마시듯 좋아하는 사람과 산책하듯 그렇게 그림을 그리는 사람이라고 본인을 소개한다. 대학에서는 사학을 전공했다. 홍대앞 프리마켓과 희망시장에 작가로 참여하고 있으며, 합정역 부근에 '지하왼쪽 삼분의 일'이라는 작업실을 운영하고 있다. 지금까지 〈소복이의 친구들〉, 〈그림일기 전시회〉, 〈희망갤러리 기획전 '그리고, 책'〉 등의 전시회를 열었다. www.ziha31.net www.sobogi.net

홍대앞으로와

弘大
文化

'꿈의 정원'을
>>> 권이중 찾아서

월드 뮤직

　새벽 1시. 정적에 휩싸인 조그만 자취방에 홀로 남겨진 나는 리시버 앰프에 전원을 켜고 감미로운 혼자만의 음악 여행을 시작한다. 오늘 여행의 첫 번째 행선지는 '비틀스Beatles'의 명반 〈Abbey Road〉이다. 앨범 재킷 속의 폴 매카트니Paul McCartney는 여전히 맨발로 횡단보도를 건너는 중이다. CD플레이어에 디스크를 넣으니 오디오의 파란 불빛들이 아름다운 선율 사이로 춤을 추듯 꿈틀거린다. 이어서 샌디 데니Sandy Denny, 닉 드레이크Nick Drake, '페어포트 컨벤션Fairport Convention' 같은 1960~1970년대 브리티시 포크의 간이역을 지나, 그 다음엔 곧장 브라질의 리우 데 자네이루로 건너간다. 이파네마 해변의 커다란 비치파라솔 아래서 선글라스를 끼고, 시원한 열대과일 음료를 마시며 보사노바, 쇼루, 빠고지 같은 브라질 음악의 정수를 즐기기 위해서다. 여행은 여기서 그치지 않고 아르헨티나의 탱고, 칠레의 누에바 칸시온, 안데스 산맥 인접국들의 포클로레, 스페인의 플라멩코, 프랑스의 샹송, 헝가리의 집시 음악, 그리스의 미키스 테오도라키스와 마노스 하지다키스, 러시아의 블라디미르 비쇼츠키와 안나 게르만까지 이어진다.

꼼지락거리는 두 발을 이불 속에 일찍이 잠재우고, 거의 한두 시간 동안 귀만 열어둔 채 세계 여행을 떠나는 것이다. 눈을 지그시 감고서 음악에 심취하다가 오늘 여행의 종착지인 찰리 헤이든Charles Haden 의 'Nocturne'을 듣고서야 두 귀를 단단히 동여맨 신발 끈을 푼다. 나의 산만하고 희귀한 음악적 관심사를 따라 스피커 위에는 세계 구석구석에서 흘러들어온 음반들이 들쭉날쭉 쌓여 있고, 방 안을 배회하던 모기 몇 마리가 날카롭고 신경질적인 엔딩 이펙트를 내며 귓가를 스친다.

근래 들어 나는 사람들이 흔히 '월드 뮤직'이라고 말하는 음악에 푹 빠져 산다. 월드 뮤직은 음악적 장르라기보다는 다만 음악을 이해하는 관점에 불과하기 때문에 그 안에는 재즈, 포크, 록, 클래식 같은 여러 장르의 음악들이 자유롭게 섞이기 마련이다. 그래서 월드 뮤직 속에서는 마치 전주 한정식을 차려놓은 양 '소리의 진수성찬'이 펼쳐진다. 지구촌 사람들이 들려주는 푸른 별의 회전음은 언제 들어도 아름답기 그지없고, 레코드 진열장 위에 펼쳐진 소리의 반찬 수가 풍성하니만큼 나의 달팽이관은 언제나 배부르기 마련이다. 이러한 청각적 포만감을 채우기 위해서 나는 날마다 한두 시간 동안 음반을 고르는 조심스런 젓가락질을 분주히 하고서야 깊은 잠에 빠져드는 나쁜 (?) 습관이 생겨버렸다. 음악에 몰입하는 동안 나의 머릿속에서는 수많은 이미지들이 스치고, 그것들은 때때로 현실 속의 작품에 영감을 불어넣곤 하는 것이다.

다만 문제는 이렇게 다양한 나라의 음반들을 구입하는 게 그리 신통하지 않다는 점이다. 대개의 경우, 발품을 팔아가며 홍대앞 레코드 가게들을 전전하지만 빈손으로 돌아오는 경우가 허다하다. 물론 월드 뮤직 코너 앞에 바짝 쭈그려 앉아서 음반라벨을 읽어가다 보면 내가 찾던 음반이 나타나기도 한다. 그런 날엔 항상 야릇한 광휘와 함께 가슴 벅찬 희열을 느끼곤 한다. 내가 집요한 수집벽을 갖고 있는지라 어렵사리 구한 앨범들마다에는 험난한 추억이 서려 있다. 남들 눈에는 모든 게 미친 짓으로 보이겠지만, 나에게 음악은 이미 오래전부터 중독성 강한 악취미였다.

터키 여가수의 희귀음반

참새가 방앗간을 그냥 지나치지 못하는 것처럼, 나도 주머니가 두둑한 날이면 홍대앞 레코드 가게들을 열심히 들락거린다. 그럴 때마다 바지 뒷주머니에는 조그만 종이에 찾고자 하는 음반을 빼곡히 적어가곤 하는데, 워낙 여러 나라의 언어가 포함된 까닭에 한번 읽어보는 것도 그리 수월하지 않은 경우가 많다.

그런 어려움에도 불구하고 내가 요즘 혈안이 되어 찾고 있는 음반이 있다. 바로 터키의 여가수 세젠 아쿠스Sezen Aksu의 1996년 앨범 〈Düs Bahçeleri〉이다. 마니아들 사이에서 흔히 〈꿈의 정원〉으로 통하는 음반인데, 아트록을 주로 취급하는 시완 레코드에서 국내 라이센스 발매가 이루어졌음에도 불구하고 여전히 희귀음반의 대열에 속하는 귀한 앨범이다.

그래서 이 음반의 근황을 알기 위해 나는 며칠 전 홍대앞 마이도스라는 레코드 가게에 들렀다. 그곳은 시완 레코드의 최후의 보루이자, 음악 마니아들의 영원한 성지이다. 전성기 때는 아트록과 포크음반을 찾는 손님들로 발 딛을 틈 없이 붐볐다지만, 요즘은 손님이 거의 없어서 가게 문을 오후 4시부터 오후 9시까지만 살짝 열고 있는 상태였다. 아니 이미 오래전부터 이웃 칠물집보다도 손님이 석은 가게로

전락했다.

마침 내가 가게에 들렀을 때는 시완 레코드의 성시완 사장님께서 직접 가게를 지키고 있었다. 나는 여느 때처럼, 해박한 성사장님께 행방이 묘연한 〈꿈의 정원〉의 구입 요령을 저자세로 요목조목 물어본다.

"사장님, 세젠 아쿠스의 〈꿈의 정원〉을 찾는데요. 좀처럼 음반 구하기가 쉽지 않네요. 제발 요 녀석 좀 구해주세요."

여기저기 인터넷 쇼핑몰이나 중고 레코드 시장을 뒤져봐도 구하기힘든 상황이니, 터키의 국민가수라는 세젠 아쿠스의 목소리에 흠뻑반해서 미치도록 이 음반을 찾고 있는 내가 그 음반을 손아귀에 넣기위해 할 수 있는 건 사장님의 바짓가랑이라도 잡고 개인적으로 소장한 음반이라도 내놓으라며 애걸하는 수밖에 별 도리가 없었다. 내 귀가 그녀의 목소리에 심하게 홀린 이상, 나의 유일한 해결책은 그걸어떻게든 구입하는 것뿐이었다.

"그게 참 이상해요. 그 음반 찍을 때만 해도 라이센스 음반이 언제발매되는지 여기저기서 문의 전화가 쇄도했는데, 정작 음반을 찍으니 50장도 제대로 안 팔려서 전부 재고창고에 쌓였거든요. 그러다가그럭저럭 재고가 모두 나가니까 또 그걸 찾는 사람이 생기네요. 터키친구로부터 어렵사리 라이센스를 따낸 음반인데, 지금 와서 몇 사람이 찾는다고 재발매를 할 수도 없잖아요. 아무튼 연락처를 주시면 중고음반이라도 입고되는 대로 연락드리죠."

　정말이지 속상한 하소연이다. 이 동네에선 모든 게 항상 이런 식이다. TV나 신문 같은 각종 매체에서는 홍대앞이 다양한 문화를 체험할 수 있는 곳인 양 줄곧 나팔에 대고 떠들어대지만, 정작 이 동네가 모든 문화적 욕구를 충족시켜줄 만능 믹서기는 아닌 것이다. 홍대앞에서는 최신 유행에 맞춰 머리끝부터 발끝까지 튜닝을 할 수 있다. 반면 나처럼 당대의 유행과는 별 상관없는 희귀종의 취향을 즐기기엔 분명한 한계를 절감하는 곳이기도 하다. 홍대앞을 찾는 사람들은 이 시대의 첨단 유행이 무엇인지를 잘 알고 그것을 소비할 줄도 안다. 게다가 매번 좀더 새로운 것을 갈구할 줄도 안다.

　그렇지만, 모든 유행에는 적절한 시기가 있는 법이다. 그런 이유로 유행의 템포에 한 박자라도 늦거나 어긋나면 작품의 가치와는 상관없이 곧바로 푸대접받기 십상이다. 세젠 아쿠스의 음반도 그러했다. 이른바 마니아를 자청하는 사람들이 한때의 현학적 취향과 호기심에 기대어 열심히 갈구하던 음반이지만, 정작 라이센스로 발매되자 희소가치 운운하며 찾지 않은 것이다. 그러는 사이에 정작 중요한 음악적 가치는 실종되어버린 셈이다.

　어쩌면 이런 현상들은 애초부터 홍대앞의 문화 생산자들이 소통 불능을 전제로 했기 때문일 수도 있다. 그렇지만 나의 문제의식을 입증힐 징획힌 데이터베이스도 없거니와 그렇다고 뾰족한 대안도 없으므로 더 이상 깊게 고민하긴 싫다. 다만 나에게 중요한 것은 내가 아직 세젠 아쿠스의 〈꿈의 정원〉을 손아귀에 넣지 못했다는 사실이다. 게다가 나의 각별한 취향이 친구들 사이에서 요상하게 곡해된다는 사실이다. 그들은 '다름'을 '지적 현학'으로, '미지'를 '난해함'으로 곡해했다. 나는 단지 '지금', '여기'와는 상관없는 것을 갈구하고 좋아했을 뿐이다. 왜냐하면 거기에 몽상가를 위한 '꿈'이 있기 때문이다. 다행히도 홍대앞에는 나와 마찬가지로 언제나 〈꿈의 정원〉 같은 것들을 갈구하는 사람들이 많이 있다.

솔로와 커플을 위한 놀이문화 혹은 소비문화

따사로운 햇살에 부스스 눈을 뜨니 창 밖으로 보이는 가을 하늘이 파랗다. 그림이 밥줄인지라 팔레트 위에 피콕블루와 울트라마린 같은 파란색 아크릴 물감들을 섞어보지만, 도저히 흉내낼 수 없는 참으로 오묘한 가을 하늘색이다. 오늘같이 구름 한 점 없이 푸르른 날은 홍대앞에서 여자친구랑 데이트하기에 안성맞춤이다. 그래서 며칠째

홍대앞으로 와

弘大
文化

머리를 싸매고 고민하던 작업들을 모두 멈추고, 긴 팔 셔츠에 청바지로 멋을 내고 여자친구에게 전화를 걸어 흰색 카디건에 미니스커트를 입고 나오라고 한다. 오늘은 홍대앞 주차장 인근의 옷가게에 들러서 예쁜 치마도 사주고, 베트남 쌀국수도 함께 먹고, 테이크아웃 커피전문점에서 카페모카를 사들고 '걷고 싶은 거리'를 거닐 참이다. 거리를 오가는 다른 커플들처럼 두 손을 꼭 잡고서 말이다.

사실 나는 지금까지 여자친구가 없었다. 내 나이 서른이 넘어서야 연애에 눈을 떴고, 그렇게 해서 지금의 여자친구를 만난 거다. 내가 홍대앞에 산 지도 어느새 10년이 훌쩍 지났고, 그동안 숱하게 이 동네를 오고가는 팔짱 낀 연인들을 보아왔지만, 나에게도 그런 소중한 인연이 생기리라곤 꿈에도 생각하지 못했다. 그저 홀홀 단신의 몸으로, 홍대앞 놀이터를 오가는 연인들의 닭살 돋는 염장질을 보며 쓰디쓴 콧물을 들이마셨을 뿐이다. 며칠 전에는 놀이터 벤치에 앉아 케렌 앤Keren Ann의 노래가 흘러나올 것만 같은 장면을 연출하기도 했으니, 이제 본격적인 내 삶의 2라운드가 시작된 것이다.

그런데 솔로였던 그 오랜 시간 동안 나는 무엇을 위안 삼아 버텨왔을까? 그 시절 내 곁에는 그림이 있었고, 음악이 있었다. 하루 종일 새로운 그림을 궁리하다가 머릿속에 더 이상 아무것도 떠오르지 않을 때면 곧바로 오디오에 CD를 넣고 음악에 몰입했있다. 그러면 외로움은 어느새 사라지고 음악을 통한 영감에서 새롭게 기운을 얻어 그림 작업에 몰두하곤 하는 식이었다. 그런 의미에서 홍대앞은 외로운 예술가들이 나름대로 버틸 만한 곳인 셈이다. 홍대앞 레코드 가게들은 다양한 나라의 음악들을 즐기기에 그나마 부족함이 없고, 홍대 주변의 헌책방들에는 손때 묻은 미술 화보들이 즐비하기 때문이다.

세젠 아쿠스의 〈꿈의 정원〉은 요원하지만, 나에겐 여자친구와 팔짱을 끼고 하루 종일 거닐며 때로는 닭살 행각을 벌여도 부끄럽지 않을 '꿈의 정원'이 펼쳐져 있다. 그렇지만 사실 '꿈의 정원'에는 '놀이' 문화가 있는 것이 아니라 '소비' 문화가 있을 따름이다. 이 동네 어디에도 가난한 연인들이 한적하게 술래잡기할 공간은 없다. 홍대앞 놀이터와 걷고 싶은 거리에서는 이따금 무명의 인디 밴드들이 콘서트를 한다. 가을에는 한바탕 거리 미술전도 펼쳐진다. 그렇지만 그것은 다만 순간의 이벤트일 뿐이다.

나는 몇 년 전 유럽 여행을 다니면서 길거리의 수많은 예술가들을 보아왔다. 파리의 몽마르트르 언덕, 바르셀로나의 람블라스 거리, 로마의 스페인 계단……. 거기에는 아코디언이나 기타를 들고 길거리에서 노래 부르는 악사가 있었고, 이상야릇한 동작을 취하는 퍼포먼스꾼이 있었고, 이젤을 들고 나와 그림을 그리는 길거리 화가들이 있었다. 찬 바람이 횡횡 불던 한겨울 여행이었음에도 불구하고 그것은 흔하디 흔한 일상의 풍경이었다. 내가 유럽의 거리 문화를 이 동네에서 기대하는 것 자체가 문제가 있다는 건 잘 알고 있다. 다만 밤 10시가 넘은 시간에 홍대앞에서 즐길 수 있는 게 단지 술뿐이라는 건 슬픈 일이다. '홍대앞 놀이문화', '젊음이 넘치는 거리' 라는 말은 모두 마포구청과 서울시청이 합작해낸 프로파간다에 불과하단 말인가!

1995년과 2005년 사이

학교를 졸업하고 하릴없이 이 동네에 방치되었던 시절. 아침나절까지 늦잠을 자고 나서 오후 2, 3시가 되어서야 구겨진 셔츠를 입고 외출에 나서면, 어김없이 나는 홍대 인근의 레코드 포럼, 마이도스, 메타복스, 비욘 더 문, 시티비트, 퍼플 레코드……등등 이런저런 레코드 가게에 들러 음반을 샀다.

그리고 배고픔이 오고가는 거리에 들어서서 대충 분식으로 저녁식사를 마친 후에 미술학원 아르바이트를 나간다. 일을 마치고 돌아오면 다시 이런저런 책을 읽다가 음악을 들으며 밤샘작업을 하는 것이 당시 나의 일과였으며, 내 주변의 몇몇 친구들도 그와 엇비슷한 일과를 보냈다. 친구들의 전화는 새벽 2시건 3시건 수시로 걸려온다. 왜냐하면 우리들은 누구나 박쥐나 올빼미의 족속이었기 때문이다. 그런 날이면 어김없이 서교쇼핑 부근의 선술집에서 술 한잔 걸치고 한국 미술계의 현실에 대해 이야기하고, 늙은 미대 교수들의 만행을 비판하며, 꼰대들의 문화가 우리의 삶에 미치는 영향에 대해 생각했다. 술국안주가 몇 번 오가면 파란 새벽녘이 오고, 우리는 비틀거리는 걸음으로 집으로 향하곤 했었다. 그렇게 만취한 상태로 집에 돌아오는 길 위에는 홍대앞의 모든 것들이 투톤으로 꾸며진 간판들처럼 이진법으로 단순화되어 있었다.

솔로와 커플, 음악과 미술, 미술학원과 클럽, 홍대 안과 홍대 밖, 예술과 현실……

되돌아보면 그런 날은 흡사 낭만적이긴 했지만, 그다지 유쾌하지는 않았다. 이유인즉, 홍대앞 골목골목마다 즐비한 벽화들은 알록달록한 색채에 현기증을 느낀 취객들에겐 어김없이 오바이트의 대상이 되기 때문이다. 그리고 그런 건 등을 두들겨줄 필요도 별로 느끼지 못하는 것들이기 때문이다. 언제부턴가 홍대앞의 벽화들은 돈 냄새를 맡기 시작했다. 예전의 객기 어린 장난으로 그려진 벽화들은 해가

홍대앞으로 와

弘大
文化

거듭할수록 사라지더니, 대신 깔끔하고 완성도 높은 벽화들이 그 자리를 차지했다. 그렇지만 아쉽게도 새롭게 그려진 벽화에는 배고픔도 갈증도, 고뇌와 좌절도 쉽사리 느껴지지 않는다. 그렇게 이 동네는 젊음의 진정한 이유를 망각한 채 예쁘게 다듬어져 외부 손님을 유혹하나 보다. 게다가 각선미를 그대로 노출한 듯 예쁘게 포장되는 우리 동네의 모습을 긍정적으로 바라보기엔 밤이 깊었고 술이 덜 깬 상태인 것이다.

당시 모든 변화의 판단 기준은 1995년으로 소급되곤 했다. 왜냐하면, 그때가 바로 전라도 촌놈이었던 내가 서울에 상경하여 홍대앞에 자리잡은 해이기 때문이다. 중3 때 처음 입시미술이란 걸 시작했고, 그것도 모자라 재수생으로 1년을 더 공부하고서야 나는 홍익대학교 미술대학 회화과에 95학번으로 입학했다. 그곳은 미대 진학을 꿈꾸는 이들에게는 선망의 대상이었으며, 출세의 지름길처럼 보이기도 했다. 그렇지만 그해에 나는 다만 낯선 객지에 정착하여 고향을 그리워하는 디아스포라에 불과했다. 입시 시절 맹목적인 강박관념에 사로잡혀 무작정 홍대에 들어가야 한다는 1차원적 꿈이 성취되고 나니 남는 건 허무뿐이었다. 1995년을 기록한 기억의 폴더에는 그저 왕가위의 〈중경삼림重慶森林〉이 있었고, 이란의 영화감독 압바스 키아로스타미 Abbas Kiarostami가 있었지만 정작 '내 친구의 집이 어디'인지는 찾을 수 없었다. 태어나서 처음 맛본 타향살이에 고향 친구들이 그립기도 했지만, 한편으로는 새로운 친구들을 만나는 즐거움도 빼놓을 수 없었다.

그 당시 나는 영화잡지 《키노Kino》를 탐독했고, 홍대앞 놀이터에서 '정태춘, 박은옥'의 콘서트를 보았고, 안치환의 4집 앨범을 테이프가 늘어져라 들었고, 기숙사 외박계를 쓰고 학교 실기실에서 야간작업에 열중했다. 당연한 일이지만 성년식이나 친구들의 생일, 축제기간이나 기말평가 마지막 날에는 술집에 들러 거나하게 한잔 걸치는 생활도 했다. 게다가 12시면 모든 유흥업소가 문을 닫던 그 시절, 몰래 문을 열던 몇몇 록카페에서 학교 친구들과 온몸을 흔들며 죄송한 몸에 가혹한 살풀이를 했다.

당시에는 가난하고 출출한 고학생들을 위한 고마운 문화가 홍대앞에 많이도 있었다. 지금은 패스트푸드점에 자리를 내준 '용인집'과 '계단집'은 싸고 양 많고 허름한 분식점이었다. 월드컵을 계기로 대대적인 철거가 이루어진 먹자골목—지금의 걷고 싶은 거리—은 아르바이트를 마치고 돌아오는 길에 허기를 풀던 곳이다. 당시 옹기종기 모인 판잣집들마다 건배 소리와 음식 연기가 가득했다.

그렇지만 1995년은 IMF 이전이었으니 배고픈 홍대생들과 달리 당시의 홍대앞은 풍요롭고 싱싱한 젊은이의 문화가 싹트기 참 좋은 환경이었던 것 같다. 가을에는 거리 미술전이 열렸고, 홍대 주차장 길에선 인디록 씬이 한창 꽃을 피웠던 시기도 그때였으니 말이다. 다만 그 당시 꽃피지 못한 것은, 상업적 요식문화의 도래를 차마 예상치 못한 술 취한 청춘들이었을 것이다. 그러는 사이 홍대 미대생들은 고등학교 때 미달된 봉사활동 점수 채우기에 여념이 없었다. 지금이라고 별다를 바 없지만, 그들은 빈약한 이 땅의 문화예술에 봉사하고, 학교 앞 벽화에 봉사하고, 너무도 쉽게 다가오는 좌절 앞에서 학교 주변 주점들에도 봉사한다. 그리고 그들을 서포트해주는 몇몇 대형 화방과 홍대 후문 목공소와 싸구려 판넬을 짜주는 화방들에서 소박한 위로를 받곤 했다. 해마다 거리 미술전이 열리고, 그럴 때마다 벽화와 조형물들이 홍대앞 거리마다 쏟아져 나와서 주변상권에 도움을 주는 순환 고리를 형성했다. 사람들은 계속 몰려들지만 정작 이 동네의 주인공들은 점점 소외되는 구조였는지도 모른다.

내가 대학 새내기였던 1995년과 사회 초년생이 되어버린 2005년 지금. 나는 여전히 이곳을 나만의 '꿈의 정원'이라고 믿고 있다. 하루가 다르게 변해가는 거리의 간판들과 예쁘게 디스플레이된 가게 앞을 지날 때마다, 나는 꿈을 가꾸는 이 동네 정원사들의 숨결을 느낀다. 비록 그것이 돈과 사람을 유혹하는 상지로 변했다 해도, 꿈을 다듬는 손길에는 뭔가 특별한 희망이 있다고 생각하고, 나 또한 내 꿈을 다듬고 있는 중이기에 꿈의 가치는 아직도 유효한 것이다. 현실이 되기엔 아직 2% 부족한 것들이 나와 이 동네엔 남겨져 있다.

홍대 정문 오른쪽에서 몽상하기

한번쯤 이 동네에 놀러와본 사람들은 알겠지만, 홍대 정문을 기준으로 좌측에는 클럽들이 밀집해 있고, 우측에는 미술학원들이 밀집해 있다. 나는 홍대 정문을 기준으로 지금껏 왼쪽보다는 오른쪽에 연관된 삶을 살아왔다. 나는 미술학원에서 제법 오랫동안 강사 생활을 해왔다. 홍대의 왼쪽에서 사람들이 술 마시며 노래하며 춤을 출 시간에 그 반대편에서는 미대 지망생들이 진지한 눈빛으로 석고상을 노려보며 그림을 그리고 있었다. 아니 요새 입시에서 석고 데생이 사양길에 접어들고 있으니, 석고 수채화를 그리거나 발상과 표현을 주로 한다는 게 정확한 표현이다. 어찌어찌하다 보니 배운 게 도둑질이라고 나 또한 그런 입시생들을 다년간 지도하는 미술학원 강사 노릇을 해왔었다. 물론 지금은 그 생활에도 염증을 느끼고 홀로 독립하여 취미미술 화실을 운영하고 있다.

홍대앞으로 와

弘大文化

   내가 경험한 홍대앞 미술학원가는 홍대와 인접한 지역에서뿐만 아
니라, 가깝게는 서울 근교, 멀게는 전국 방방곡곡에서 학생들이 몰려
드는 미대입시의 메카이다. 특히 멀리 지방에서 청운의 꿈을 안고 상
경한 학생들은 미술학원가 근방의 고시원에서 생활하는 경우가 허다
한데, 그들은 비좁고 어두컴컴한 고시원 이불 밑에서 합격의 순간들
을 꿈꾸곤 한다. '오로지 합격'이라는 다소 삭막한 시한부의 꿈들이
그곳에서 매년 지겹도록 자라는 것이다. 홍대의 왼편(?)문화에는 크
게 아랑곳하지 않고, 오른편 사람들은 그들만의 드라마를 매년 연출
한다. 거기에는 희망과 좌절, 기쁨과 슬픔이 12월과 이듬해 1월 중순
까지 숨쉴 틈 없이 펼쳐지며, 그해의 드라마가 끝나기가 무섭게 속편
이 시작되곤 했다. 학생들은 학원 주변의 분식점에서 떡볶이와 라면
으로 변변찮은 끼니를 때우면서 입시를 치른다. 저녁 실기수업이 끝
나는 밤 10시가 되면 미술학원 앞 거리는 학부모들이 끌고 나온 차량
과 통학 봉고차와 수많은 학생들의 인파로 매번 큰 혼잡을 빚곤 한
다. 하지만 홍대앞 미술학원가의 밤 10시 풍경을 만드는 것은 단 한
가지뿐이다.

   미대 진학!

그것도 이왕이면 홍대나 서울대나 이대, 국민대 같은 미술 상위권 학교에 진학하기 위함이다. 그리고 그렇게 전쟁 같은 입시철이 끝나면 누구는 합격하고 누구는 불합격한다. 합격생들 중에서 실기실력이 뛰어난 몇몇은 훗날 미술학원 새끼 강사가 되고, 만성적인 미술학원 강사 생활에 무감각하게 물들곤 한다. 입시 미술학원의 입구마다에는 연도별 합격생 명단이 깨알 같은 글씨로 적혀 있고, 사실인지 거짓인지 모를 수석, 차석자의 명단은 최대한 화려하게 꾸며진다. 학원 앞 보도에는 여러 미술학원들이 홍보 차원에서 내놓은 입시 연구작이 이젤 위에 펼쳐지는데, 죄다 엇비슷한 패턴을 지닌 천편일률적인 것들이다. 봄과 가을에는 거리 미술전을 흉내낸 '입시미술 거리 미술전'도 개최한다. 그렇지만 입시 연구작들의 미세한 차이를 구분해내는 건 단지 미대 입시생과 몇몇 미대생과 미술학원 강사들뿐이며, 그러한 이유로 그림들은 매우 효과적인 학원 광고가 되는 것이다. 그렇지만 외부인들의 눈에 그건 단지 그들만의 리그일 뿐이고, 눈요기할 만한 구경거리에 불과하다.

미셸 푸코Michel Foucault의 『광기의 역사 Histoire de la folie l'ge classique』에 등장하는 '광인들의 배Narrenschiff'처럼, 중세시대 유럽의 도시들은 광인들을 한 배에 몰아 태워서 강물에 띄워 보냄으로써 도시의 광인 문제를 해결했다는데, 홍대앞 미술학원가의 풍경은 심지어 미술학원

홍대앞으로와

弘大
文化

강사로서 그 한가운데에서 일하던 나에게도 딱 그런 풍경이었다. 모두들 뭔가에 심하게 홀린 채 맹목적으로 달려가는 것이다. 그 안에는 '왜 그림을 그리는지', '왜 미대에 진학해야 하는지'라는 질문들이 불문율에 붙여져 봉인된 지 오래다. 그 세계에 속한 사람들이 아닌 이상 도저히 이해하기 힘든 지경까지 말이다.

그렇지만 그런 무감각한 일상은 매년 매순간 반복되었다. 미술학원들은 그 세계 안에서 통합되기도 하고, 이름을 바꾸기도 하고, 새로 생기기도 하면서 꾸준히 늘어나 지금은 온통 큰길 양쪽을 점령해버린 상태이다. 고급 커피숍을 방불케 하는 화려한 인테리어와 다소 불필요해 보이는 전시공간까지 마련하는 걸 보면, 그 세계가 얼마나 과다경쟁을 벌이는 곳인지를 알 수 있다. 그리고 저녁 6시 식사시간이 되면 학원들마다 입시생들이 우르르 몰려나온다. 그들 속에는, 교복을 입거나 물감얼룩과 흑연가루가 잔뜩 묻은 앞치마를 두른 학생들이 참 많이도 보인다. 앞치마에는 저마다 눈에 띄는 글자로 소속 미술학원의 이름이 적혀 있다. 그런 식으로 미술학원들은 자기네 학원을 간접홍보하는 것이다. 언뜻 보면 무슨 기업체의 유니폼으로 착각할 정도로. 나도 그들을 가르친 장본인이지만 도무지 지금도 그 풍경만은 이해할 수가 없다. 밥 먹으러 갈 때도, 화방에 갈 때에도 대부분의 학생들이 지저분한 앞치마는 꼭 차고 다닌다. 일종의 우월의식 내지는 학원끼리의 경쟁심리가 학생들 사이에도 팽배해서일까? 심지어 조소를 하는 학생들도 흙먼지 풀풀 날리며 분식점에 쏙쏙 들어간다. 홍대앞에는 미대 입시생들의 앞치마 문화도 한몫을 하는 것이다.

미대 입시생들은 매정한 교육 현실 속에서 악몽 같은 나날을 보내지만 그들의 머릿속에는 합격이라는 미지의 '꿈' 이 자라고 있다. 그들도 언젠가는 이 동네에서 붓을 들고 사방에 널린 벽들을 가꾸는 정원사가 되리라.

보이지 않는 '꿈의 정원' 을 찾아서

여기까지 글을 쓰다 보니 내가 주제 넘은 소리를 한다는 생각이 든다. 내가 홍대앞에 산 건 겨우 10년 남짓에 불과하다. 이 동네에서 태어나고 자란 진짜 토박이 주민들을 생각해보면, 내가 이 글을 쓸 자격이 있는지 의심스럽기까지 하다. 홍대 주변에서 몇 십 년째 음식점과 주점을 운영하는 분들이 진정한 이 동네의 주인공들일 테니 말이다. 그리고 그분들에게 있어 이곳은 '꿈의 정원' 이 아니라 '삶의 터전' 이다. 물론, 나도 군 생활 몇 년을 빼곤 계속 이 동네에서 생활했다지만, 그분들과 나의 시각은 사뭇 다를 수도 있겠다는 생각이 든다. 어떤 동네나 밥 파는 집이 있고, 술 파는 집이 있는 법이니까. 여기도 사람 사는 곳이고 할머니, 할아버지들이 사는 곳이니까. 내가 아는 액자집 아저씨는 이 동네에서만 벌써 30년째 학생들 액자를 짜주고 있으니, 나의 깐죽거림이 콧방귀로 들릴 수도 있으리라.

사실, 홍대앞에는 뭔가 특별한 문화가 존재한다는 건 착각에 불과하다. 마포구청과 서울시청이 합작해서 그러한 소소한 문화를 상업문화의 힘으로 질식시키고 있는 것이다. '클럽데이'가 열리는 매월 마지막 금요일. 클럽이 밀집한 극동방송국 주변을 새벽 5시경에 걸어본 사람들은 그 치밀한 거짓말의 진실을 목도할 수 있다. 술 취한 외국인들이 벌건 얼굴로 추태를 부리고, 반쯤 헐벗은 아가씨들이 길가에 오바이트를 하며 쓰러져 있는 광경을 나는 자주 보아왔다. 게다가 거리에는 클럽과 대리 운전을 홍보하기 위해 뿌려진 전단지와 각종 오물로 쓰레기장을 방불케 한다. 때맞춰 어디선가 쓰레기차와 환경 미화원들이 총출동해서 거리의 모습을 원상태로 복구해놓는다. 새벽녘 청소 대작전이 펼쳐지는 순간이다. 수많은 인력이 동원되어서야 클럽 주변 거리는 청소되고, 다음날 오전이면 모든 게 언제 그랬냐는 듯 깨끗이 정리된다. 그럴 때면 이따금 나이 지긋하신 동네 어르신들이 청소 집게를 들고 나와서 환경 미화원들의 수고를 돕곤 한다. 그리고 재활용품을 모으는 할머니가 가드를 끌고 와서 길거리에 널린

술병과 종이들을 수거해간다. 그 와중에도 폭주족 무리들은 한바탕 요란한 소음을 내뿜으며 지나간다. 난장판은 그렇게 매번 끝이 난다. 다음날에도 홍대앞은 여전히 놀기 좋은 곳이다.

　나는 다만 홍대앞의 한순간을 살고 있을 뿐이다. 홍대앞의 먼 미래는 아무도 알 수 없다. 어쩌면 이곳은 리들리 스콧Ridley Scott의 영화 〈블레이드 러너Blade Runner〉에 나오는 400층 규모의 마천루가 즐비한 로스앤젤레스의 모습이 될 수도 있다. 그 꼭대기에는 마징가 제트의 영원한 적수였던 헬 박사의 연구실이 자리잡을 수도 있고, 싸구려 자장면 몇 그릇에 시스템이 마비된 리플리컨트Replicant들이 통제 불능의 상태로 사방에다 벽화를 그리거나 그라피토를 남기고 다닐 수도 있다. 클럽마다 각국의 의상을 차려입은 취객들이 이상한 음악에 맞춰 춤을 추고 있고, 길거리에는 오바이트를 감시하는 장치가 즐비할 수도 있다. 무엇을 상상하든 먼 미래의 모습은 꿈속에서만 가능하다. 먼 미래를 생각하니 갑자기 머리가 지끈거린다. 차라리 내일을 상상하는 편이 훨씬 더 즐거울 것 같다.

　나는 내일도 그녀를 만나서 우리들의 '꿈의 정원'을 거닐 것이다. 사랑을 하면서 홍대앞의 모든 거리와 골목들을 재발견할 것이다. 지금까지 내가 살아온 이 동네의 모습이 내일이면 또 어떻게 보일지 궁금하다. 왜냐하면 여자친구의 손을 잡고 길을 걸을 때와 바지주머니에 양손을 집어넣고 홀로 길을 걸을 때는 분명 다른 상황이기 때문이다. 나는 신호등 앞에 서 있다. 그리고 무심코 고개 숙여 횡단보도에 그려진 하얀 줄무늬를 바라본다. 거기엔 누군가의 스텐실 낙서가 찍혀져 있었다.

'오늘도 맑음'

땅바닥을 쳐다보지 말고, 하늘을 한번 보라는 얘기 같다. 고개 숙여 절망하지 말고, 고개 들고 희망을 보라는 얘기 같다. 그렇지만 오늘은 저 말이 순 거짓말이다. 나의 왼손에 우산이 들려져 있기 때문이다.

나는 아직 세젠 아쿠스의 〈꿈의 정원〉을 구하지 못했다. 시완 레코드의 카탈로그에는 있지만, 아무리 수소문해봐도 이 희귀음반은 좀처럼 보이지 않는다. 대신 이 음반을 찾아 정처 없이 헤매는 동안 내 곁에는 예쁜 여자친구가 나타났다. 그리고 그녀는 지금 내 귓가에 조그맣게 속삭인다.

"아마 내일은 날씨가 맑을 거야."

홍
대
앞
으
로
와

大化
弘文

세젠 아쿠스의
열두 번째 앨범을
저에게 양도하시는 분에게
크게 사례하겠습니다.

-권이중

권이중 홍익대학교 회화과를 졸업하고, 현재 홍대앞에서 일반인을 대상으로 취미미술 화실을 운영하고 있다. 네이버 블로그 '표류소년의 음악세계'를 통해 음악과 미술에 대한 글쓰기와 그림 그리기를 병행하고 있다. 최근에 매우 예쁜 여자친구가 생겼다. blog.naver.com/negrim

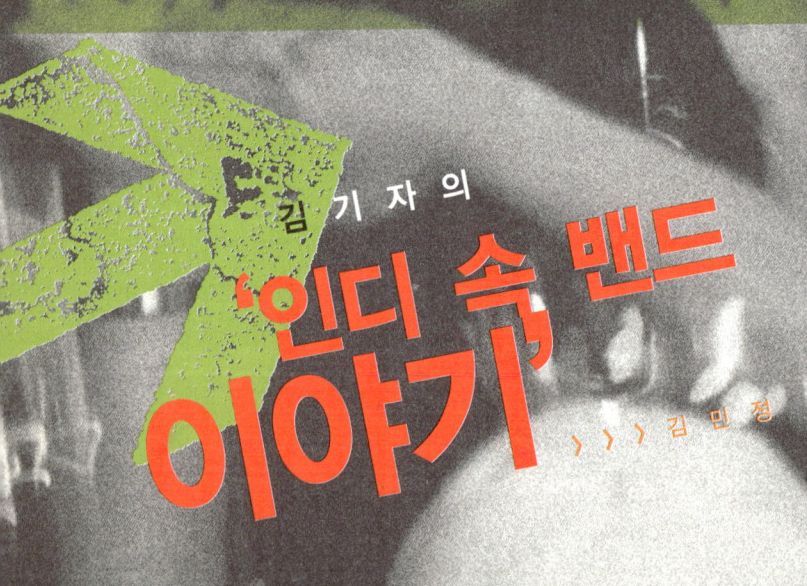

김 기 자 의

'인디 속 밴드

이야기'

>>>김 민 정

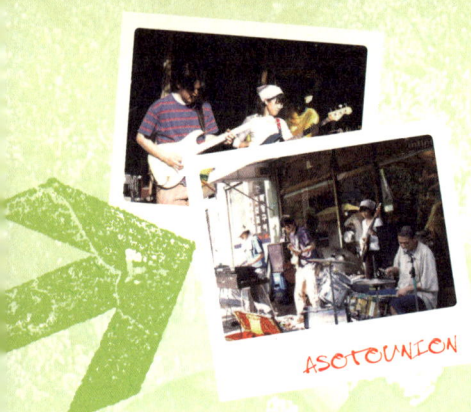

ASOTOUNION

아소토유니온 사건

　　2001년 초가을의 어느 날, 당시 대학교 4학년이었던 난 늦은 점심을 먹고 어슬렁어슬렁 홍대앞 길을 걷고 있었다. 그때 어디선가 몸을 들썩이게 만드는 기분 좋은 음악 소리가 들려오는데, 왠지 모르게 보통 상점에서 틀어주는 음악과는 다르게 들렸다. 소리를 따라 걸음을 옮기다 보니 지금은 사라진 극동방송 삼거리의 헤나숍(인도제품을 파는 가게) 앞에서 길거리 라이브를 하고 있는 한 밴드가 보였다. 이미 사람들이 밴드 주위에 둥글게 모여들어 그들의 연주를 듣고 있었다. 그런 광경 자체가 보기 드문 것이라 시선이 집중되는 것도 있었지만, 무엇보다 그들의 음악이 귀를 끌었다. 후일 이 사건의 주인공인 '아소토유니온Asoto Union'이 'Dazz'(댄서블한 재즈 음악)라고 소개한 이들의 음악은 자연스럽게 어깨가 들썩여지는 음악이었다. 그들의 자작곡 연주에 한쪽에서 비보이 B-boy들이 흥겹게 춤을 추고, 둘러선 사람들도 유쾌하게 몸을 움직였다. 마치 외국의 거리에 와 있는 듯한 착각이 들 정도로 모든 것이 자연스러웠다.

한 세 곡쯤 들었을까. 멀리서 사이렌 소리가 들리면서 경찰차가 등장했다. 관객들 사이에는 긴장감이 돌았지만 설마 무슨 일이 일어날까 싶었다. 담담한 멤버들의 얼굴을 보니 이런 일이 처음은 아닌 모양이었다. 중단하라는 말을 남기고 경찰차가 사라지자 짧은 연주가 아쉬웠던 사람들은 아무 일도 없었다는 듯 박수를 치며 앵콜을 외쳤다. 잠시 생각에 잠긴 밴드는 마지막 한 곡을 끝으로 철수하겠다며 연주를 시작했으나, 우린 결국 그 곡을 끝까지 들을 수 없었다. 다시 경찰차가 들이닥쳤고, 화가 난 경찰들이 반말을 해대며 연주를 무 자르듯 중단시켰기 때문이다. 그리고 밴드 멤버들과 또 이들에게 라이브를 위한 간단한 장비를 지원해주었던 헤나숍 주인까지 경찰서로 연행해 가버렸다.

공연을 즐기던 관객들은 모두 멍하니 그 광경을 바라봤다. 머릿속이 너무 혼란스러웠지만 정작 그 자리에서 할 수 있는 일은 아무것도 없었다. 진정 문화의 메카라 일컬어지는 홍대앞에서 이런 일이 벌어지다니! 경찰차가 떠나고 사람들이 흩어진 뒤에도 난 그 자리에 굳어져 움직일 수가 없었다. 망치로 뒷통수를 얻어맞은 것 같은 이런 상황과, 이런 상황에서 아무것도 할 수 없는 나 자신에게 너무나 화가 났다. 난 가슴속에서 무언가 뜨거운 것이 끓어 올라와서 차마 걸음을 떼어놓을 수가 없었다.

나중에 안 일이지만, 경찰에 신고를 한 것은 인근 업소의 사장이었다. 시끄러워서 장사가 안 된다는 것이 신고를 한 이유였다. 법적으로 그 지역은 주택가이기 때문에 신고가 들어오면 경찰이 출동을 할 수밖에 없었다. 문제는 두 가지였다.

우선, 가게들이 즐비한 홍대앞 번화가 한복판이 어떻게 주택가로 분류될 수 있으며, 설령 법적으로 그렇다 하더라도 독특한 문화의 중심지라고 일컫는 이곳에 최소한의 예외 조항도 없느냐는 것이다(아소토유니온의 경우, 그들의 음악적 장르를 보아도 보통의 록 밴드처럼 음악 소리가 크지 않았다). 그만큼 정책을 만들고 운용하는 사람들이 각 지역의 특성과 장점에 대해 무지하다는 증거이기도 했다. 홍대앞을 홍대앞답게 만드는 예술가들이 경찰차에 실려 연행되어가던 그 모습은 정말 아이러니한 광경이 아닐 수 없었다.

둘째, 홍대앞이라는 상권에서 영업을 하고 있는 상인들이 동네가 시끄러워서 장사가 안 된다고 신고를 하는 것은 어딘가 모르게 순서가 뒤바뀐 감이 있었다는 것이다. 홍대앞이라는 지역의 독특한 기운은 이런 예술가들이 만들어내는 것이고, 이러한 기운을 느끼고자 사람들이 몰려드는 것인데, 정말 하나는 알고 둘은 모르는 행동이었다. 경찰들 또한 직무수행이었다고는 하지만 반말을 해대며 헤나숍 주인과 음악가들을 연행해간 것은 방법론적인 면에서 너무 과격했다.

사람들이 홍대앞과 문화의 생성에 대해, 음악을 하는 친구들에 대해 조금이라도 알았다면 상황은 많이 달랐을 것이다. 모두들 서로 잘 모르는 데다 상호 간에 소통도 되지 않아서 생긴 일이었다. 누군가는 이들이 왜 여기서 음악을 하고 그것이 어떤 감동을 주며 어떤 역할을 하는지 알려줘야 했다. 난 막연하게나마 언젠가 기회가 오면 이와 관련된 이야기들을 글로 쓰겠다고 생각했다. 그리고 그런 결심을 한 지 불과 1년 만에 그 일은 거짓말처럼 실현되었다. 2002년 가을, 문화기획집단 '상상공장'에서 진행하던 한 웹진의 기자로 일하게 되면서 '인디 속 밴드 이야기'라는 칼럼을 쓰기 시작한 것이다.

우리는 인디가 아니다

인디 속 밴드 이야기라는 타이틀은 나름대로 무척 고심해서 지은 이름이었다. '인디'라는 말에 대한 오해가 많다는 건 알고 있었지만,

어떻게 보면 그렇기 때문에 그 부분에 대해 더 짚고 넘어가야 한다고 생각했다. 어차피 다른 대안이 없다면 그 단어는 계속 쓰일 것이고, 그렇다면 그 의미를 제대로 알리고 그에 대해 같이 얘기해보는 것도 의미가 있는 일이라 생각했다. 절대적인 의미의 인디는 극소수였고 우리나라에서는 현실적으로 불가능한 개념이었으므로, 난 칼럼을 시작할 때부터 이 단어의 새로운 정의를 내려야 했다. 우선 음반자체제작의 주 목적인 창작의 자유에 포커스를 맞춰서 색깔이 분명한 자신들의 음악을 하는 팀들을 인디로 보기로 하고, 음악판에 실제로 몸담고 있는 밴드들의 삶과 음악에 대한 이야기를 들어보고자 했다. 물론 가장 중요한 것은 감동을 주는 음악을 사람들에게 소개하는 것이었고, 사람들이 자연스레 그들의 삶과 이 씬에 관심을 갖게 되길 바랐다.

첫 인터뷰 대상은 당연히 아소토유니온이었다. 인연이 인연인 만큼 나름대로는 들뜬 마음으로 인터뷰를 하러 갔지만, 이야기를 시작하기도 전에 인디 속 밴드 이야기라는 칼럼 제목을 놓고 밴드의 리더인 김반장이 반론을 제기했다. 자신들은 인디가 아니라는 것이었다. 당시 자체적으로 음반을 제작하던 아소토유니온은 내가 보기에 마인드까지 절대적인 의미의 인디 밴드에 부합되는 몇 안 되는 팀 가운데 하나였다. 난 나름대로 인디라는 말에 대해 심사숙고해서 붙인 칼럼 제목이었기 때문에 본래의 인디의 의미를 이야기하며 설명을 시작했다. 한참을 설명하고 나니 그들도 본래의 인디와 내가 말하는 근본적인 의미의 인디를 인정하지 않는 것은 아니지만, 외부에서는 다르게 인식되고 있으므로 어쩔 수 없다고 말했다. 그들의 말에도 분명 일리가 있었다.

　이후에 많은 밴드들과 인터뷰를 하면서 인디에 대해 계속적으로 질문을 했고 그들의 생각을 듣고 서로 이야기를 나눴다. 이는 밴드들의 생각을 알아보고 현실적으로 재정립한 인디의 의미를 전달하면서, 그 말이 대중들에게 잘못 인식되어 있음을 독자들이 글을 보면서 자연스럽게 느낄 수 있도록 하기 위해서였다. 물론 어떤 사람들은 소용없는 짓이라고 얘기하기도 했다. 이미 단어는 변질되었고 널리 퍼져 있는데, 일개 인터뷰에서 그런 작업을 하는 것이 얼마만큼 영향을 미칠 수 있겠냐는 것이었다. 그 말도 맞는 말이었다. 하지만 사실 제일 중요한 건 인디라는 말이 아니라 그들의 좋은 음악이었고, 난 인디라는 말을 재정립하는 부수적인 작업과 함께 그들의 좋은 음악을 알리는 작업을 하고 있는 것이었다. 모든 변화는 하나에서 시작한다. 단 한 사람이 읽더라도 글로 그의 생각이 변하고 그 씬의 음악이 들어보고 싶어졌다면 그것으로 충분한 것이었다.

김기자가 누구야?

　나는 말이 앞서는 마니아나 분석을 하는 평론가, 음악관계자가 되기보다 밴드들의 생각을 듣는 입장이 되고 싶었다. 단순히 밴드를 소개하는 인터뷰가 아니라, 음악판에 대해 그들이 가지고 있는 생각과 현재의 흐름, 그들의 고민을 함께 나누고 싶었고, 일반인들이 이러한 글을 접하면서 자연스럽게 그들의 음악과 씬에 관심을 갖길 바랐다.

　하지만 칼럼 제목 때문에 시작부터 험난하게(?) 신고식을 치른 인디 속 밴드 이야기는 그 이후에도 순탄하게 진행되진 않았다. 아소토 유니온처럼 칼럼 제목에 이의를 제기하는 팀들은 나름대로 이유를 설명하면 어느 정도 납득을 했기 때문에 큰 문제가 아니었지만, 자신들이 나이가 어리기도 하고 또 주변의 시선도 있어서 음악판에 대해 이야기하는 것이 부담스럽다는 밴드를 대할 때에는 정말 난감했다. 유명하고 널리 알려진 밴드보다는, 좋은 음악을 하지만 자신들의 생각을 이야기할 기회가 별로 주어지지 않은 팀들을 대상으로 인터뷰를 진행하려던 나로서는 상당히 심각한 난관에 부딪힌 것이다. 자신의 생각을 이야기하는 데 나이나 주변의 생각이 무슨 상관이란 말인가. 모든 인간은 나름의 생각이 있고 입장이 있기 마련이다. 기회가 주어졌는데도 자신의 생각을 말하길 두려워하는 밴드들을 보면 정말

홍
대
앞
으
로

와

弘大
文化

내가 뭘 잘못 생각하고 있는 것은 아닐까 하는 생각이 들기도 했다.

어떤 경우에는 음악판에 대해 이야기해보았자 바뀌는 것이 없기 때문에 헛수고라고 얘기하는 밴드도 있었는데, 그럴 때 난 정말 안타까운 마음이 들었다. 나는 헛수고를 하기 위해서 인터뷰를 하는 것이 아니었다. 분명 사람들이 칼럼을 읽으면 뭔가 느끼는 것이 있을 것이라고 생각했다. 변화라는 것은 단번에 이뤄지는 것이 아니지 않은가.

일반인들이 음악을 찾아 듣지 않으며 공연을 보러 오지 않는다고 불평만 한다고 사람들의 행동이 바뀌는 것은 아니었다. 변화는 감동에서 시작되는 것이다. 밴드들은 자신을 알리기 위해 어떤 노력을 했는지 한번쯤 생각해볼 필요성이 있었다.

사람들이 모르는 부분에 대해 알려주고 조금씩 따라올 수 있도록 길잡이 역할을 하는 것이 인터뷰의 목적이었다. 밥은 못 지어도 밥맛은 알고, 좋은 음악을 들으면 전문가가 아니더라도 느낄 줄 아는 법이다. 나아가 단순히 좋은 음악을 들려주는 것에서 그치지 않고 이 판에 관심을 가지도록 만들 때, 그리고 그런 사람들이 많아질수록 음악 환경이 풍요로워질 수 있는 것 아닌가.

인터뷰 때 밴드 자체나 음악에 대한 이야기 외에도 음악판에 대한 다양한 이야기를 나누는 것은 밴드들에게 그 판을 돌아보게 하는 의미도 있었다. 생각해보지 않은 것을 말로 할 수는 없는 일이다. 한번쯤 생각해보았거나 당장이라도 생각해봐야 말을 할 수 있는 것이다. 밴드들이 음악만 한다고 뭐라 그럴 사람도 없겠지만, 어떤 마인드를 갖고 움직일 때 그들의 음악이 더욱 의미 있을 거라고 생각했다. 그런 의미에서 보면 아소토유니온과의 인터뷰처럼 통쾌했던 일도 드물지 않았나 싶다.

아무래도 칼럼을 진행하면서 제일 힘들 때는 섭외를 하다가 거절당했을 때이다. 웬만한 밴드라면 인터뷰를 거절하는 경우가 거의 없지만, 두 번 정도 인터뷰를 거절당한 일이 있었다. 물론 두 번 다 그들 나름대로 사정이 있었지만 알려지지 않은 웹진이라 인터뷰할 수 없다는 얘기나 마찬가지였다. 음악전문잡지나 음악전문웹진에서 인터뷰를 한다고 했으면 그러지는 않았을 테니까. 좋은 의도를 가지고 일을 하려고 해도 이런 이유로 진행이 안 될 때는 정말 마음이 아프다. 인터뷰 내용의 질이 떨어져서 거절한다면 납득이 가겠지만, 내 칼럼은 읽어보지도 않고 단지 유명하지 않다는 이유만으로 결론이 나는 건 참 힘든 부분이었다.

우스운 얘기지만 후일 이와 관련된 의미심장한 일화가 생긴다. 2003년 후반기쯤에 오랫동안 벼르던 모 밴드와 인터뷰를 잡았다. 그 밴드는 공교롭게 이날 모 음악전문잡지와도 인터뷰 스케줄이 잡혀 있었다. 내 인터뷰가 오후 3시였고 그 음악전문잡지와는 오후 5시였다. 멤버들이 늦게 와서 3시 반부터 시작된 인터뷰가 5시가 넘어서 끝나자 그 팀의 리더와 인터뷰를 지켜보던 프로모션 사장이 같은 이야기를 했다.

"다른 곳과 달리 인터뷰가 좀 특이하네요?"

언제나처럼 음반과 공연은 물론 몇 십 개가 넘는 이전의 인터뷰들을 참고해 나름대로 사전조사를 했고 다각적인 질문들을 준비했기 때문에 어느 정도 자신이 있었다.

얼마 뒤 웹진에 내 칼럼이 올라갔고 그로부터 한 달이 채 지나지 않았을 무렵, 그 달의 모 음악잡지와 내 칼럼 기사가 거의 똑같다며 누군가가 이야기를 전했다. 처음에는 무슨 말인지 몰라 어리둥절해 하다가 같은 날 인터뷰했던 걸 기억해내고 그 음악전문잡지를 사러 갔다. 잡지를 펼치고 기사를 읽어보니 놀랄 수밖에 없었다. 그 잡지의 편집장이 모 밴드와 손수 진행한 인터뷰는 내 칼럼과 질문이 거의 똑같았다. 물론 같은 시기에 인터뷰를 하긴 했지만 그렇다고 질문이 똑같을 순 없는 일인데. 어쨌든 그 일 이후로 인디 속 밴드 이야기의 인터뷰는 어느 정도 신뢰를 얻게 된 셈이다.

그렇게 어려운 고비들을 넘어 반년 넘게 칼럼을 진행해오던 나는 다시 한번 중대한 위기에 봉착하게 된다. 대부분의 웹진이 그러하듯

운영상의 이유로 사이트가 문을 닫게 되면서 원고를 올릴 곳이 없어
져버린 것이다. 가슴 뜨겁게 느낀 바가 있어 시작한 인디 속 밴드 이
야기는 나에게 남다른 의미를 지닌 작업이었기에 그렇게 끝낼 수는
없었다. 하지만 아무런 대안이 떠오르질 않았다.

그렇게 얼마나 지났을까. 상상공장에서 공연기획 일을 계속하면서
고민을 거듭하던 나는 2003년 7월에 '인디 속 밴드 이야기cafe.daum.net
/Indiestory'라는 동명의 카페를 만들고 처음부터 다시 시작하기로 했다.
그때쯤엔 나름대로 노하우가 쌓였고 인터뷰할 대상을 선택하는 데 있
어서도 일정한 기준을 세우게 되었다. 음반 검토는 물론 라이브는 세
번 이상 볼 것, 일반인들에게 알리고자 하는 취지에 부합되게 음악으
로 감동을 주는 밴드를 섭외할 것.

난 한 달에 20일을 공연을 보러 갈 만큼 열을 올리며 이리저리 뛰
어다녔다. 물론 일개 카페에서 인터뷰를 하자는 것이기에 거절당한
경우도 있고, 유명한 밴드의 경우 인터뷰를 신청해놓고 한 달을 기다
릴 만큼 어려움이 많았지만 2시간 남짓 되는 밴드들과의 인터뷰는 그
럴 만한 가치가 충분히 있었다. 그들의 음악과 삶, 이 씬과 홍대앞에
대해 많은 것들을 느끼고 생각할 수 있었고 카페를 통해 그것을 사람
들에게 알리고 나눌 수 있었다. 대중적으로는 알려지지 않은 좋은 뮤
지션을 찾아내서 그들과 진술한 인터뷰를 진행하고, 나의 글을 읽은

홍
대
앞
으
로

와

弘大
文化

독자들이 그들의 음악에 관심을 가지게 될 때의 감흥은 말로 표현할 수 없을 정도이다.

이제는 적지 않은 사람들이 인디 속 밴드 이야기를 알고 있고 나는 '김기자'로 통한다. 5,000여 명의 카페 회원들이 매주 전체 메일을 통해 홍대앞의 공연 소식을 받아보고 있으며, 음악하는 친구들과 그들의 팬, 평론가와 마니아, 매체 관계자들이 정보를 주고받기 위해 이곳을 찾는다. 그중에서도 이 씬의 음악에 관심이 생기기 시작한 입문자들이 카페를 통해 많은 것들을 알게 되었다고 글을 남겼을 때는 마음이 참 따뜻해진다. 라이브 클럽이나 인디 음반숍의 위치를 잘 모르는 입문자들을 위해 작업한 '홍대앞 라이브 클럽과 인디 음반숍 총정리'는 좀더 많은 사람들이 이곳의 음악을 접하길 바라는 마음에서 카페의 운영을 도와주는 에디터들과 한 달 넘게 작업한 정성이 깃든 결과물이었다. 이 모든 일이 홍대앞 극동방송 삼거리에서 일어난 작은 사건 덕분에 가능했다고 생각하면 참 꿈만 같다.

우리 안에 있는 창조적인 에너지를 스스로 느끼고 그것을 발현시킬 원동력을 제공하는 무언가가 홍대앞에 있다고 말한다면 반쯤은 거짓말이겠지만, 사실 반쯤은 진실이기도 하다. 끝내 무시해버린 꿈과 열정이 이곳에선 밖으로 나와 움직인다. 그렇기 때문에 땅값이 오른 지금에도 많은 문화예술가들이 이곳을 떠나지 못하고 있는 것 아니겠는가. 단순히 소비하고 즐기는 모습들이 홍대앞에 분명 널려 있지만, 그건 주목받는 데 대한 어쩔 수 없는 반대급부다. 가치 있는 것들은 언제나 얻기 힘든 법이고, 그걸 찾기 위해선 관심을 기울여야 한다. 선택은 어차피 본인의 몫이다.

　가끔씩 이 일이 너무 힘들다고 느껴질 때마다 난 그날의 그 장면을 떠올려보곤 한다. 아소토유니온의 흥겨운 길거리 연주와 주변에 모여 웃음 짓던 사람들을. 좋은 음악을 즐길 수 있는 마음과 함께 할 수 있는 여유. 그날은 비록 경찰이 그들을 연행해가는 바람에 연주가 중단되었지만, 언젠가는 그곳에서 끊이지 않을 친구들의 연주를 기대해본다. 그 언젠가는.

김기자(김민정)　　문화기획집단 '상상공장'의 취재기자. 홍대앞에서는 본명보다도 '김기자'로 통하며 누구보다도 각별한 애정을 가지고 홍대앞 인디 밴드를 발굴하고 소개하는 데 중요한 역할을 해오고 있다. 다음카페에 '김기자의 인디 속 밴드 이야기'를 연재하고 있으며, 현재 5,000명 이상의 카페회원들이 김기자의 메일링 서비스를 통해 인디 밴드의 공연소식을 접하고 있다. '아소토유니온' 인터뷰를 시작으로 '피터팬콤플렉스(Petorpan Complex)', '뷰렛(Bjuret)', '마이앤트메리(My Aunt Mary)', '언니네이발관' 등 수많은 밴드와 인터뷰를 진행해오고 있다. 내학 시절부터 밴드생활을 해온 뮤지션 출신 기자로서 지금도 새로운 음악적 행보를 모색 중이다. cafe.daum.net/Indiestory

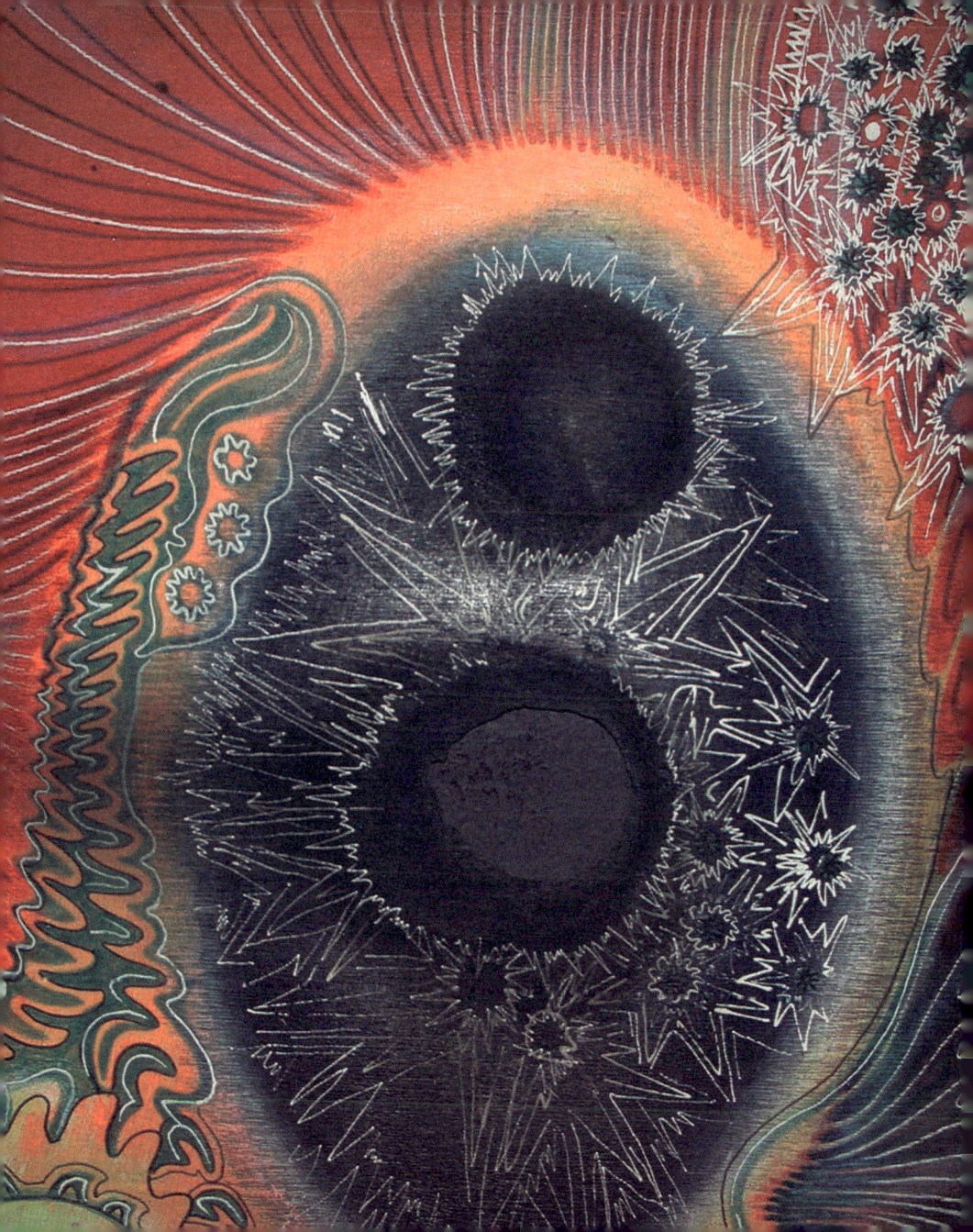

Bulgasari

불가사리 공연은 앞으로 매월 마지막 주 일요일 오후 4시에 '바다비'에서 열릴 계획입니다.
Bulgasari will be held every last Sunday of the month at 4pm @ Badabie.

알려드립니다.

불가사리(원래는 SCUM in Seoul)를 시작했던 사람 중 한 명이며, 그 이후 지금까지 실질적으로 불가사리를 2년여간 이끌어온 사토 유키에 씨가 자신을 포함하여 관광비자를 소지한 외국 뮤지션들이 연주한 불가사리 공연에서 입장료를 받아왔다는 이유로 서울출입국관리사무소로부터 300만 원의 벌금 처분과 함께 5월 20일까지 일본으로 돌아가라는 통보를 받았습니다. 그리고 유키에 씨는 향후 2년간 자의로 한국에 입국할 수 없게 되었습니다.

이에 대해서 우리는 사토 유키에 씨와 불가사리가 한국 대중문화의 다양성과 문화 교류의 측면에 기여하고자 꾸준히 노력해온 점과 유키에 씨 자신의 한국문화에 대한 남다른 애정, 그리고 그 사이에 받아온 입장료도 이윤을 목적으로 한 것이 아니었으며, 불가사리가 그간 많지 않은 수의 관객 분들에 의해 유지되어왔다는 사실 등을 근거로 하여 탄원서 등을 통해 유키에 씨에 대한 처벌이 조금이라도 경감될 수 있도록 해당 정부기관들에 호소를 할 예정입니다.

또한 이번에 내려진 벌금과 처벌이 불가사리 전체에 내려진 것임에도 불구하고, 그것을 사토 유키에 씨가 개인적으로 떠맡게 되었기 때문에 불가사리에 참여하는 모든 사람이 유키에 씨의 짐을 조금이라도 덜어내어 나눈다는 의미에서 액수와는 상관없이 각자의 능력에 맞게 기부를 받을 예정입니다. 여러분의 연대와 동참을 부탁드립니다.

결국, 이러한 사정 때문에 불가사리는 유키에 씨와는 당분간 함께 할 수 없게 되었습니다. 그렇지만 유키에 씨가 한국을 떠나 있는 동안에도 나머지 사람들에 의해 불가사리는 계속 진행될 것이며, 지금까지와 마찬가지로 국적, 성별, 연령과 상관없이 누구에게나 열려 있는 '분류 불가능, 정체 불분명…… 그런 unknown musician들', 그리고 불가사리를 찾아와주시는 여러분과의 교류의 장으로서의 역할을 지속할 수 있도록 노력하겠습니다.

그동안 변함없는 관심과 성원을 보내주신 여러분들께 감사드리며, 이번 사태의 조속한 해결과 함께 사토 유키에 씨가 한시라도 빨리 우리 곁에 돌아올 수 있도록 계속되는 지지와 도움을 부탁드립니다.
마지막으로 불가사리는 앞으로 결코 입장료를 받지 않을 것이며, 더불어 지금까지와 마찬가지로 어떤 종류의 영리활동도 하지 않을 것임을 밝힙니다.

홈페이지_ www.bulgasari.com

기부금 입금_ 계좌 : 농협 079-12-751718 **예금주 :** 최준용

위 글은 사코 유키에 씨가 한국을 떠난 이후 현재까지도 그대로 소개되어 있는 불가사리 홈페이지 메인화면의 내용입니다. 사토 유키에 씨는 2005년 5월 24일 카페 이리에서 열린 무료공연에 마지막으로 출연한 뒤 강제출국 조치되었습니다. 민간 문화사절로서 한일 간의 문화교류에 힘쓰고 한국의 록 음악을 일본에 소개하는 데 큰 역할을 해온 사토 유키에 씨가 하루빨리 다시 홍대 앞의 작은 카페에서 음악을 연주하게 되기를 바랍니다.
다음에 소개하는 편지는 일본으로 돌아간 사토 유키에 씨가 한국의 불가사리 멤버들과 팬들에게 보내온 편지입니다. 서툰 한국말로 손수 적어 보내온 그의 편지를 가능한 원문 그대로 소개합니다.

출국을 앞두고 불가사리 공연에 마지막으로 출연했던
사토 유키에 씨가 고별인사를 하고 있다.
사진_이동준 | 장소_카페 이리

SATO YUKIE

불가사리에게

불가사리 출연자 및 불가사리 팬 여러분, 안녕하십니까? 오래간만
입니다. 저는 지금 도쿄에 있고, 외로운 날들을 보내고 있습니다. 요
즈음 홍대앞은 어떻습니까? 무엇인가 바뀐 것은 없습니까? 반드시
재미있는 일이 많이 일어나고 있는 것으로 생각합니다.

제가 처음 홍대앞을 알게 된 것은 한국 마니아가 된 지 1년 정도 지
난 1996년경이었습니다. 그때 저는 일본 사람만으로 구성된 세계 최
초의 한국 록 전문 커버 밴드 '곱창전골'을 결성하고, 일본 언더그라
운드 씬에서 신중현, '산울림' 등의 음악을 연주하여 일본에서 한국
록의 계몽 운동에 힘쓰고 있었습니다. 1996년 그 당시, 저는 황학동

에서 중고 레코드 찾기(한국 록 명곡 발굴 작업, 즉 한국 록의 고고학적 연구)와 현재진행형의 한국 록 상황을 관찰하기 위해 한국에 여행을 왔습니다. 그 무렵, 운이 좋게도 홍대앞에는 한국 인디 씬이 태어나 신바람이 휘몰아치고 있었고, 이 뜨거운 거리에 저는 당연히 큰 흥미를 가졌습니다.

곱창전골은 1999년에 한국에 데뷔했습니다. 그때 홍대입구 근처는 인디 씬 탄생 당시의 흥분되고 뜨거운 붐은 없어졌지만, 대중의 의식이 '인디=아마추어'라고 하는 개념으로부터 서서히 탈각해, 인디문화 그 자체가 문화로 인지되어가고 있었습니다. 그리고 그 무렵부터 저의 음악 활동은 록이라고 하는 테두리에 머무르지 않고, 한층 더 새로운 음악의 가능성을 연구해 노이즈/아방가르드/프리 임프로비제이션(자유즉흥연주)이라고 하는 매우 이상한 음악세계에도 발길을 뻗쳐갔습니다. 사실 저는 원래 그런 음악세계에 깊은 흥미가 있었고 곱창전골 밴드에서도 즉흥 음악을 연주했습니다. 다만 한국 록 음악을 더 깊이 연구하기 위해 한때 조금만 쉬고 있었습니다.

여러분, 한국에서도 세계적으로 정말 유명한, 이런 음악의 권위자가 계십니다. 작년에 아깝게 돌아가신 타악기 연주자 김대환 선생님,

독자적인 음악세계를 구축한 색소폰 연주자 강태환 선생님 등입니다. 그런 선생님들의 가르침을 받으면서 저도 한국에서 새로운 음악의 모색을 시작했고, 한국 프리 임프로비제이션의 창시자의 한 사람으로 계시는 트럼펫 연주자 최선배 선생님, 현대 음악가이고 즉흥연주자인 피아니스트 박창수 씨 등 여러 음악가와 함께 작업하며 한 번 더 저의 자유로운 음악세계가 뜨겁게 열렸습니다. 일본에는 이런 음악을 연주하는 뮤지션들이 많이 있었고, 저는 한국과 일본을 왔다갔다 하며 활동의 폭을 펼쳐갔습니다. 그때 즈음 영국의 보이스 퍼포먼스 '소리의 마술사'의 필 민톤Phil Minton 씨, 네덜란드의 프리 임프로비제이션 음악 창시자의 한 사람인 천재 드러머 한 베닝크Han Bennink 씨라고 하는, 세계적으로 유명한 아티스트들과의 공연 투어 등도 여러 번 할 수 있게 되어, 저는 이 새로운 음악의 탐구에 넓고 깊게 다가갈 수 있었습니다. 그러다가 제가 우연히 한국에서 살게 되었고 한국의 음악이나 문화나 음식에 대한 이야기를 많이 하다 보니, 여러 친구들이 많은 호기심을 안고 일본에서 서울에 놀러오게 되었습니다.

일본과 한국은 정말로 가깝습니다. 하지만 안타깝게도 한류韓流붐과 다르게 일본의 친구들은 한국에 어떤 음악세계가 있는지 잘 몰랐습니다. 그래서 여행 온 김에 연주도 할 수 있으면 좋겠다고 생각하

는 친구들이 늘어났고, 그들은 개런티는 필요 없으니 한국이란 나라
에서 연주하고 한국의 아티스트들과 교류하고 싶은 순수한 마음으로
한국에 오겠다고 했습니다. 저는 친구들의 이런 생각을 실현시켜주
고 싶다고 생각했고, 그것은 당연한 일이지요. 저도 처음에 한국에
왔을 때는 한국에 대해서 아무것도 몰랐고, 한국 음악을 알아가면서
신대륙을 발견한 큰 기쁨이 있었기에 한국, 일본 친구만이 아닌 세계
여러 친구들과 함께 한국 록 음악을 나누며 소개하고 싶었습니다.

　　그러나 한국에는 프리 임프로비제이션 씬, 노이즈 씬 이라고 하는
것이 거의 없고, 그런 CD와 음반을 파는 가게도 없는 것이 사실입니
다. 전술한 한국 선생님들도 활동은 일본에서 많이 하십니다. 그것은
한국에 그런 음악을 접할 곳, 그러니까 그런 아티스트들의 발표 장소
가 거의 없었던 것이 큰 요인이라고 생각했습니다. 정말 그런 뮤지션
은 없는지? 잠재적인 젊은 아티스트가 있지는 않은지? 저와 같은 얼
마 안 되는 즉흥 음악가들이 연주할 장소가 없다는 이유 말고도, 아
직 보이지 않는 새로운 아티스트들을 찾아서 음악을 발표할 장소를
만들어줄 수 있으면 좋겠다고 생각했습니다. 그래서 저는 2003년부
터 홍대입구 근처를 중심으로 불가사의한 음악을 하는 라이브 이벤
트 시리즈 '불가사리'를 시작했습니다. 그리고 그곳에 일본(지금은

전 세계)으로부터 오는 친구들의 무대를 만들고, 한국 아티스트들과의 세션 등도 할 수 있게 했습니다. (여담입니다만, '불가사리' 이름의 유래는, 원래 '불가사의한 음악회'라고 이름을 붙이고 있었지만 제가 일본인이기 때문에 발음이 나빠서 '불가사의'는 '불가사리'가 되어버렸다고 하는 것으로 해둡시다.)

    홍대 근처는 불가사리 일을 시작하기에 안성맞춤인 장소였습니다. 적당한 클럽이 많이 있고, 또 누군가의 새로운 시도나 도전에 대해서도 대부분 유연하게 대응해주며, 편견 등도 적기 때문이고 멋진 이상과 꿈을 가진 멋쟁이 친구들이 많습니다. 막상 불가사리를 시작해보니 제가 상상했던 그런 젊은 사람들이 조금씩 있었고, 지금은 확실히 더 많아졌습니다. 그들의 상당수는 상상하던 대로 이른바 뮤지션이 아니고, 컴퓨터나 일렉트로닉스를 구사하는 그야말로 새로운 신세대 뮤지션/아티스트였습니다. 그리고 그 대부분이 홍대입구 근처에 모이고 있는 젊은이들이었습니다. 저는 연주 기술도 소중합니다만, 그 전에 '표현하고 싶다'라고 하는 마음의 유무가 무엇보다도 중요하다고 생각합니다. 원래 인디 밴드의 시작은 '하고 싶다'라고 하는 마음의 폭발 때문이니까요. 혼자 컴퓨터로 음악을 만들던 사람들, 음악을 하려면 프로가 되어야 한다고 생각해서 포기하고 있던 사람들, 발표할 장소가 없어서 곤란해하고 있던 사람들, 저와 같은 프리 임프로비제이션을 좋아하는 이방인들. 나이, 국적, 성별 모두 필요 없이 다 같이 모였습니다.

아스트로노이즈, 데이트리퍼, 이한주, 있다, 조 포스터 그 밖에도 많은 불가사리 친구들……, 모두 건강히 잘 지내는지요?

또, 오오토모 요시히데 씨, 사치코 M 씨, 이치라크 요시미츠 씨, 카와바타 마코토 씨, 유코 넥서스6 씨, 칼 스톤 씨, 다모 스즈키 씨, 마니 노이마이어 씨, 토요즈미 요시사부로 씨, 루인스Ruins 등 세계 각국으로부터 온 정말로 많은 음악가들이 불가사리를 통해서 한국에 소개되어서 저는 몹시 기쁘고 자랑스럽게 생각합니다. 그리고 이시데 타크야 씨, 후지에다 무시마루 씨의 부토(舞踏, 일본 전통적인 실험 무용) 무대도 있었습니다. 매우 훌륭한 것이었어요. 정말로 그립습니다.

그런데 도대체 저에게 무슨 일이 일어났는지……. 지금 제가 놓여져 있는 상태를 설명해보자면, 그 일은 올해 4월 중순에 일어났습니다. 갑자기 서울출입국관리사무소로부터 전화가 걸려왔습니다. 비자 때문에 할 이야기가 있다고 했습니다. 사실 저는 이전의 레코드 회사와의 계약도 끊어지고 관광비자를 가지고 있었습니다. 곱창전골 활동을 다시 해서 2집 앨범을 만들기 위해 새로운 레코드 회사와 계약을 확실히 하려고 하는 순간이었습니다. 밴드가 준비 중이었기 때문에 공식적인 활동은 아니지만 그 밖에 가능한 일이 무엇이 있을까 하고 생각하다가 문화 교류의 장인 불가사리를 시작했던 것입니다. 어쨌든 기본적으로 우리는 모두 출연료를 안 받았으니까 완전한 비영리 활동이었습니다.

출입국관리사무소에 가보니 담당관의 이야기는 이러했습니다. "비록 비영리 활동이라 해도, 출연자가 모두 노 개런티여도, 손님이 입장료를 지불하는 무대에 관광비자를 가진 외국인은 서서도 안 되고, 세워서도 안 된다"고 했습니다. 불가사리는 벌써 2년 정도 개최됐으므로 2년치의 벌금을 내야 했습니다. 그렇습니다. 한국인 친구들도, 가게 주인들도, 그 외의 이벤트 주최자들도 입국관리법의 세세한 부분까지는 아무도 몰랐습니다. 하지만 일본에서는 노 개런티라면 스테이지에 올라도 아무 문제 없고, 또 예를 들어 강연 등으로 얼마인가 돈을 받았다고 하는 경우에도, 그것이 소액이면 관광 중의 임시 수입도 법적으로는 인정되고 있습니다. 물론 나라가 다르면 법률도 다릅니다. 몰랐다고 해도 죄는 죄라고 인정했기에 저는 벌금 300만 원을 지불했습니다.

그런데, 출입국관리사무소 사람이 말했습니다. "그러면 ×월 ×일

까지 출국해주세요"라고 말입니다. 출국 명령이 떨어졌고 출국 후에는 노 비자 입국은 규제됩니다. 다시 비자를 받으면 입국할 수 있다고 했습니다. 저는 벌금을 냈으니 괜찮지 않을까 생각했지만 그것은 반대의 효과로 저를 더욱 슬프게 했습니다. 여러 친구 동료들이 다방면으로 이의를 제기하려 했지만, 벌금을 낸 것은 오히려 내가 잘못을 인정한 것이 되어서 다시 한번 이 문제를 논할 수 없게 된 것입니다. 아이고……. 다음에 언제 한국에 돌아올 수 있는지, 혹시 계속 입국할 수 없는 것은 아닌지 저는 겁이 났습니다. 그런데 출입국관리소 아저씨는 계속 이렇게 이야기했습니다.

"예외적으로 비자가 순조롭게 발급되는 사람도 있습니다. 단지 어떤 사람이 그렇게 되는지는 아무도 모르니까 일단은 비자 신청을 해주세요. 벌금은 텔레비전에 나오는 일본 연예인들도 지불하고 있습니다. 요전 날은 미국의 유명한 컨트리 가수 K. R. 씨도 벌금을 지불하고 돌아갔습니다."

결국 저는 6월 4일에 내쫓아졌습니다. 그전까지 불가사리 친구 이한주 씨가 서명 운동(1,000명을 넘었다고 들었습니다. 여러분 정말 진심으로 감사합니다)도 했고, 비자 신청에는 탄원서가 필요하다고 하므로 신중현 선생님, 김창완 선생님, '신촌블루스' 엄인호 씨 등 많은 분들에게서 탄원서에 서명을 받기도 했습니다. 비자의 신청은 기본적으로 한국에서의 이벤트 등에 저를 초대하는 형태로 해야 한다고 해서 6월 말에는 연세대학에서 행해진 한일문화포럼으로부터 강연자로 초대도 받아놓았었습니다. 또 7월에는 광복 60년 기념 평화와 통일 염원전 '베를린으로부터 DMZ까지'로부터 연주자로서 초대도 받아놓은 상태였습니다. 9월에는 서울국제실험영화제 페스티벌 2005 개막 기념공연에 연주자로 출연도 예정되었습니다. 그러나 유감스럽지만 비자를 얻을 수 없었습니다. 스케줄 상의 문제로 신청할 수 없거나, 새로운 서류가 차례차례로 필요하게 되어 결국 마감 시간이 다 되거나 해서 잘 받을 수 없었어요. 주최자들, 친구 여러분들 다 여러 가지로 고생해주어서 몹시 감사하고 있습니다. 이 자리를 빌려서 답례하고 싶습니다. 정말로 감사합니다. 대사관(영사관) 쪽에서도 저와 같은 케이스는 전례가 없고 처음이기 때문에, 막상 시작해보고 나서 이렇게 하지 않으면 안 된다, 그렇게 해야 한다 등등 서서히 방식이 바뀌었기 때문에 생각했던 것 이상으로 시간이 많이 걸려버렸습니다. 그리고 저는 결국 강제출국 조치되었습니다.

　　그러나 조금씩이지만 방법을 알 수 있을 것 같고 빛이 보이는 것 같습니다. 어떻게든 제대로 정식으로 가슴을 펴고 한국으로 돌아올

홍대 앞으로
와
弘大
文化

수 있도록 앞으로도 더 노력할 것입니다. 여러분도 아무쪼록 저를 잊지 마시고 조금만 더 기다려주세요. 한국 친구들, 한국 음식, 홍대 단골 고깃집, 술집 아저씨들 너무 보고 싶습니다. 다시 한국에서 꼭 만나요…….

　날 기억해줘 기억해줘

　날 잊지 마요 잊지 마요

　사랑해줘 사랑해줘 영원히

　– '물망초'(곱창전골의 오리지널 송) 중에서

　지금 정말로 서울이 그립게 느껴집니다. 그러면 여러분 건강하시고 안녕히 계세요.

　홍대입구 Forever!! 너무 보고프면 수영이라도 해서 갈게요!

　　　　　　　　　　　　　　　　　　　　사토 유키에 드림

한국 친구들, 한국 음식, 홍대단골 고깃집,
술집 아저씨들 모두 너무 보고 싶습니다.
다시 한국에서 꼭 만나요!

— 사토 유키에 드림

홍
대
앞
으
로

와

弘大
文化

사토 유키에(佐藤行衛, Sato Yukie)　　기타리스트, 보컬리스트, 즉흥 음악가. 토쿄 태생으로 10대부터 록 밴드를 결성하고, 일본의 언더그라운드에서 라이브 활동을 했다. 1995년, 일본인만으로 구성된 최초의 한국 록 전문 밴드 '곱창전골'을 일본에서 결성하고 '시나위', '황신혜밴드', '어어부프로젝트' 등을 일본에 초대해 공동 콘서트를 주최하기도 했다. 1999년, 앨범 〈안녕하시므니까?〉를 발매하면서 서울에 거주하기 시작했다. 한일 간의 음악 교류에 커다란 역할을 하며, 한편으로는 즉흥 음악을 연주하는 '불가사리' 라이브공연을 주도했지만, 관광비자를 소지하고 출연하는 공연에서 입장료를 받았다는 이유로 강제출국 조치되어 일본으로 귀국했다.

www.yogiga.com/yukie　kopyukie@hotmail.com

서교 365

seokyo365.wo.to

김수향(365-12번지 1층 '킨교Kingyo')

재외국민 입장에서 보면 365번지는 참 특별한 곳이다. 한국 안에 한국적인 느낌이 드는 장소가 드물다. 그런데 365번지에는 그것이 있다. 때문에 일본인을 비롯한 많은 외국인들이 찾아온다. 홍대앞에서도 이 블록에서만 찾아볼 수 있는 것들이 있다. 일본의 경우는 오래된 건물을 리노베이션해서 건물의 멋과 향기를 살려내 오히려 명소로 만든다.

김건태(365-3번지 2층 'NNNS : No Name No Shop')

홍대앞에서 이 공간만큼 매력적인 곳은 없다고 생각한다. 건물을 모두 철거해버리고 국가적인 차원에서 무언가를 새로 짓는 것보다, 우리들 스스로 다른 길을 모색했으면 좋겠다. 공간을 지키는 것도 중요하지만, 이 공간을 어떻게 운영할 것인가 하는 프로그램 상의 고민이 병행되어야 한다. 철거 반대가 성공해도 술집과 옷집들만으로 가득한 공간이 된다면 무슨 의미가 있겠는가?

유경(365-12번지 3층 'open studio PLUS')

낡고 오래된 골목, 건물, 그런 공간들을 지키고 싶다. 세월의 축적물을 남겨둔 채로 새로운 공간으로 만들어갈 수도 있지 않을까? 기존에 있는 것들을 없애버리고 같은 자리에 어디에서나 찾아볼 수 있는 것으로 채워버리는 것은 '상실'이다. 부수고 다시 짓는 건 싫다. 미적 가치가 행정적 가치, 경제적 가치를 뛰어넘어야만 설득력을 가지게 될 텐데, 아직은 우리나라에서 그런 사례를 찾아볼 수 없어서 힘든 일이기는 하다.

김명렬(365-12번지 2층 'Bar다')

365번지의 건물들이 너무 노후하고 지저분한 상태라 변화는 불가능하다. 때가 되면 뭔가 없어지고 새로운 것이 들어서는 것은 자연스런 흐름이긴 하나, 그 새로운 것이 조악한 것(홍대앞 '걷고 싶은 거리')이 문제다. 시간이 쌓여서 자연스럽게 만들어진 어떤 것을 허물기로 결정할 때에는 상당히 신중해야 한다. 이 블록을 보존하자는 의견의 기반이 될 만한 정서적 공감대 형성이 선행되어야 한다. 이 골목에서 실제로 재미있는 일들이 일어나야 한다. '그 골목 재미있네', '이런 건 남아 있었으면 좋겠는데' 라는 의견이 나와주려면 이 골목에서 뭔가 재미있는 일들이 실제로 벌어져야 한다.

조윤석('내용연구소')

지금 이대로 있었으면 좋겠다. 하지만 어차피 변화가 불가피한 것이라면 변화에 개입하고 싶다. 맞은편 홍대앞 걷고 싶은 거리처럼 변화를 가만히 지켜보기만 할 것이 아니라 변화에 개입하고 의견을 반영하게 하고 싶다. 그러기 위해서는 우선 현황 파악부터 해야 한다. 이곳의 현재 상황을 정확하고 세밀하게 기록하는 보고서를 만드는 작업이 시급하다. 이를 추진할 주민협의체의 결성도 필요하다고 본다.

— 2005년 4월 2일 '서교365' 첫 번째 회의록 중에서

　　홍익대학교 정문에서 대로를 따라 내려오다 보면 오른쪽으로는
'걷고 싶은 거리' (일명, 굽고 싶은 거리)가 있고 왼쪽으로는 일명 '주차
장길' (서교동 365-1번지 도로)이 있다. 이 주차장길을 따라 3층 높이의
오래된 건물들이 화물열차처럼 길게 이어져 있는데, 이 구역이 서교
동 365번지이다. 365-2번지부터 26번지까지 23개 필지의 기다란 대
지 위에 들어서 있는 건물들(이하 365)은 무허가라고 알려져 있지만,
사실은 약 60%가 건축물대장에 등기되어 있는 허가건물이다.

　　1923년 용산에서 당인리까지 철로가 개설되고, 1924년에 당인리

발전소가 설립되었다. 당인리발전소의 석탄과 화물을 실어 나르던 기차가 다니던 기찻길은, 발전소의 연료가 가스로 바뀌면서 동교동 ~당인리 철로가 없어지고, 1976년 도로로 결정되어 현재의 주차장 길이 되었다. 그러니까 이 기다란 365번지는 '기찻길 옆 오막살이'였던 것이다. 당인리발전소는 일제시대 때 설립되어 6·25전쟁을 거치며 서울시민의 생활에 중요한 역할을 해왔고, 그 역사의 한 단편이 기차 모양을 닮은 365번지에 남아 있다.

　과거 기찻길을 등지고 서교시장길로 나 있던 365의 얼굴은 철로가 폐선되고 만들어진 도로 쪽으로 또 다른 얼굴을 보이기 시작하면서

양면을 갖게 되었고, 건물의 앞뒤 높이 차이가 재미있는 공간을 만들었다. 2미터도 안 되는 폭을 가진 가게가 있는가 하면, 보통 4~5미터의 폭으로 조각조각난 건물들의 연결은 길이 200미터가 넘는다. 세월을 지나면서 필요에 따라 공간을 확장해온 흔적이 켜켜이, 고스란히 남아 있는 외관은 낙후된 건물이라지만 30여 년이 넘는 긴 세월 동안 홍대앞 서민들의 정서를 품은 곳이며 홍대앞 상권의 중심에 위치해 어느 곳보다도 사람의 활동이 활발한 곳이다.

서교동 365번지 일대는 1999년 걷고 싶은 거리 조성 계획에 포함되어 있었으나, IMF 이후 서울시의 예산 부족으로 철거가 보류되어 지금의 모습을 유지하게 되었다. 하지만, 도시계획 상 도로로 예정되어 있는 365는 이미 건축물로 그 존재를 인정받지 못하고 있는 형편이다. 365를 마주한 구역에서는 고층건물 건축이 허가되고 있으며, 최근 제작된 지도에서는 이미 도로로 표기되고 있기도 하다. 행정 상으로는 이미 결정이 내려진 '365번지의 철거 및 도로화' 계획은 현재로서는 실행만을 남겨둔 상태이다.

서울에 있는 대부분의 건물 나이가 그곳에 사는 사람들보다 어리다는 사실에 놀라움을 표했던 한 외국 건축가의 시선처럼, 유행에 민감한 서울 한복판에서 시간의 흐름을 느낄 수 있는 공간은 그리 흔하지 않다. 그나마 옛모습을 볼 수 있는 대부분의 길가엔 재개발을 경축하는 현수막이 걸려 있으니 안타까울 뿐이다. 오래된 것은 못 살던 시절의 낡고 추한 것이라는 이상한 개념이 재개발을 경축하고 신도시 개발을 선진국으로 가는 이상향으로 인식하도록 만들어준 것은 아닐까 한다.

마포구 안의 크고 작은 계획들 역시 홍대앞까지 영향을 미치고 있다. 동교동에 인천공항을 잇는 고속전철 홍대입구역이 생기고, 당인리발전소의 복합문화센터 계획, 상암의 월드컵공원과 밀레니엄시티, 디지털미디어시티를 비롯, 합정동 균형촉진 개발 등이 진행되면서 부동산 중개업소와 공사 현장이 늘어가고 있다. 또한 홍대앞의 다양한 모습에 대한 보도와 홍대앞 문화를 배경으로 한 드라마와 뮤직비디오로 인해 홍대앞을 찾는 이들은 작년에 비해 2배 이상 늘었다.

그 결과 365에도 올해 초부터 주차장길을 향해 새로운 바람이 불기 시작했다. 새로 입주하기 시작한 이들은 폐쇄적인 입면을 털어내고 투명한 쇼윈도를 만들고, 도로와의 높이 차이를 계단과 데크로 해결하면서 새로운 365번지의 얼굴을 만들어내고 있다. 주로 음식점이 차지하고 있던 공간이 패션잡화 가게가 되면서, 위기를 느낀 기존 음식점에까지 새 단장 공사바람이 불고 있는가 하면, 기존의 공간을 분할하고 창고 같은 협소한 공간까지도 활용하면서 공간사용률은

100%에 가까워졌다. 오래된 공간을 그들 나름대로 조금씩 변화시켜 활성화했다는 것은 바람직한 일이다. 하지만 이 거리가 일률적인 쇼윈도룸을 통해 상업주의의 표본이 되리라는 우려의 목소리도 나오고 있다.

　작업실 문화로 시작한 홍대앞 모습을 설명할 때는 다양한 단어가 필요하다. 문화예술의 다양한 형태를 포용하고 있는 이 지역에서 작업실들은 경제 원리에 의해 외곽지역으로 빠져나가고, 소자본으로 시작한 클럽문화는 자본의 유입으로 옛모습을 잃어가고 있다고 사람들은 말한다. 또 상업화로 일변한다는 이야기들이 떠오르기 시작했다. 새롭게 변화되는 것은 피할 수 없는 일이다. 하지만, 사람들이 홍대앞을 왜 찾는지 그 매력이 무엇인지 신중히 생각하고, 거세하지 말고 진화해나가야 한다.

　올해 초 365의 존재가치가 진지하게 이야기되어지면서 365의 몇몇 입주자와 지역주민들이 모여 '서교365'라는 모임을 만들었다. 해마다 건축과 학생들의 연구대상이 되어왔고, 주요 건축공모전에서도 다뤄졌던 주제이며, 다양한 사람들의 보고서나 글 속의 화두로 떠올랐던 365번지. 이토록 많은 사람들의 관심이 왜 수면 위로 떠오르지 못하고 한없이 흘러가기만 하는가에 대한 의문과 함께, 서교365 모임을 통해 365를 둘러싼 주변의 이해관계의 핵심이 경제적 관점이라는 것을 알았다. 개개인의 재산적 가치, 이 점이 가장 어려운 문제다. '홍대앞 문화예술'이라는 간판을 내걸면 될 것 같은 초기의 어설픈 생각들은 정말 무모했는지도 모른다. 하지만 동네사람들이 모여 좋은 동네 만들기에 노력하고 있다는 사실은 정말 좋은 일이다. 좋은 동네가 부자 동네는 아니지 않은가. 폭 넓게 좀더 장기적으로 본다면, 지역사회의 바른 모습이 그 가치를 더 높여주는 것은 아닐까, 감히 이곳에 땅 한 칸 없는 사람이 뭣 모르고 생각해본다.

365는 지역의 역사와 서민의 문화를 가지고 있다. 이모라 불리는 밥집 아주머니들의 넉넉함과 터줏대감이라 자칭하는 아저씨들의 건강함, 젊은이들의 풋풋함이 살아 있는 곳이다. 새로운 문화적 시도를 추구해온 홍대앞의 흐름 속에서도 이렇게 유일하게 30년이 넘는 시간을 담아온 정서적 공간이 있다는 것은 홍대앞 문화의 다양성을 유지시켜온 또 하나의 힘이다.

홍대앞의 성격을 이야기하는 데는 다양한 단어들이 필요한 만큼, 365번지가 사라지지 않고 그 안에 다양한 모습들이 담겨지길 바란다.

글 _ 홍윤주

서교365는

1. 365번지에 대한 일괄적 계획, 일괄적 철거를 반대합니다.

2. 30여 년간 변화를 거듭해온 365번지가 지나온 세월만큼이나 천천히 자연스러운 모습으로 진화하기를 바랍니다.

3. 홍대앞 문화 정체성에 맞는 바람직한 365번지의 모습을 모색하고 그 실천을 위해 행동하고자 합니다.

www.seokyo365.wo.to

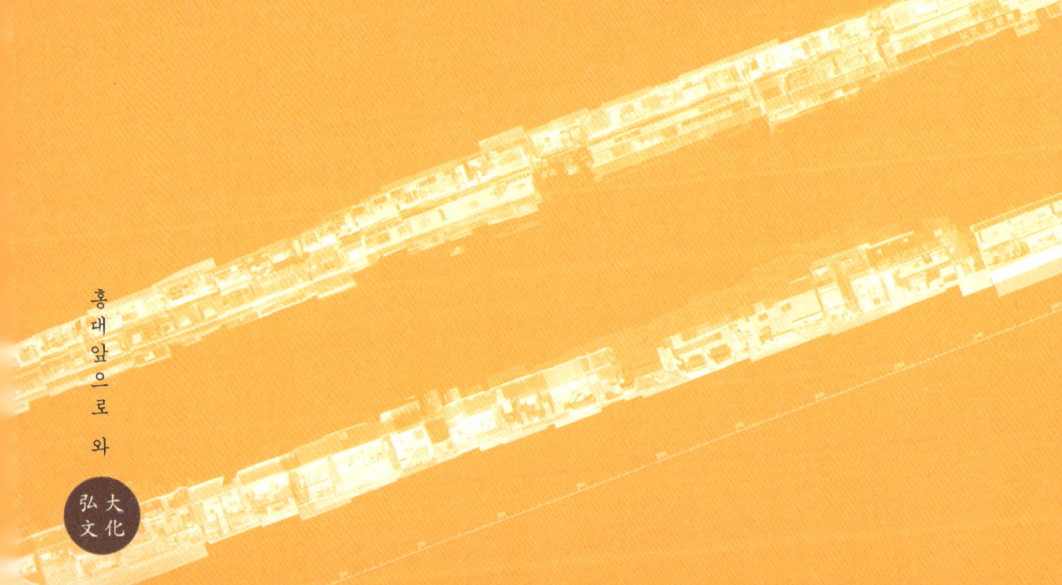

홍대앞으로 와

弘大
文化

홍대앞에서 하루를 걷다

>>> 알렉 포터(Alec Porter)

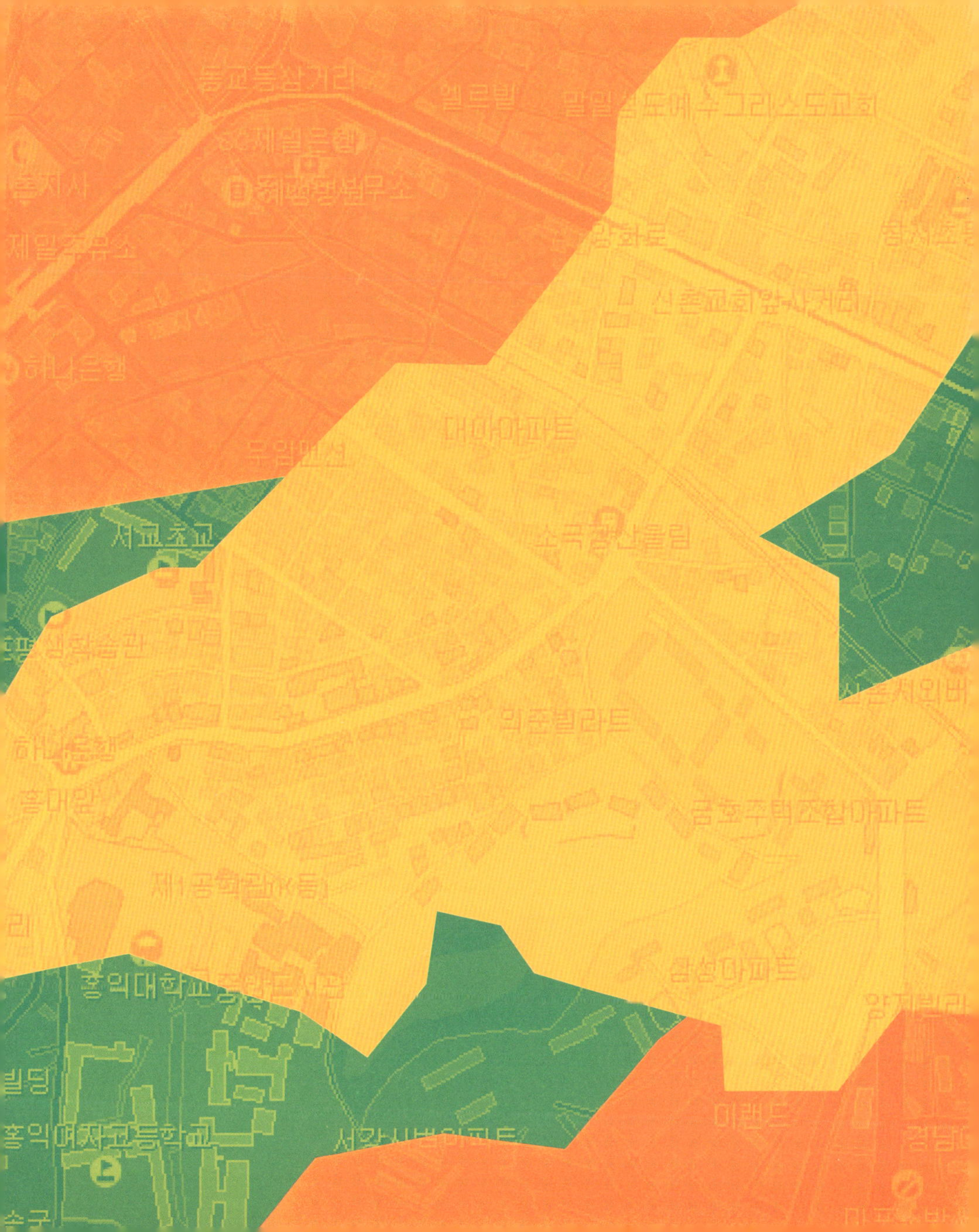

How to play alone.

로스앤젤레스 오렌지카운티의 펑크록 뮤직 씬은 '뻐꾸기 둥지 Cuckoo's Nest' 클럽을 중심으로 이루어지고 있었다. 하지만 자리를 잡기가 무섭게 이 클럽은 악명을 떨치게 되었고, 그 때문에 정작 이곳에서 연주되던 음악은 빛이 바래고 말았다. 그 이유는 클럽이 오렌지카운티 최고의 컨트리 뮤직 바의 작은 주차장 바로 맞은편에 세워졌기 때문이다. 클럽이 문을 닫을 시간이 되면 이 주차장은 술에 취한 펑크족들과 카우보이들로 가득 메워졌다. 이후에 두 집단이 대격전을 벌였으리라는 것은 쉽게 상상할 수 있는 일이다.

항상 제멋대로이고, 백수 신세를 면하기 어려우며, 세상에 잃을 것이 하나도 없는 무정부주의 펑크족들과 애국심이 철철 넘치는 카우보이들 사이의 한판 대결! 당시에 겨우 열두 살이었던 나는 자전거로 10분밖에 떨어지지 않은 곳에 살고 있었지만, 이 전설적인 패싸움 광경을 눈으로 직접 보지는 못했다. 대신에 이들의 전투를 소재로 한 노래들을 반복해서 듣고, 나이든 펑크족들이 동네 레코드 가게에 모여서 떠드는 무용담을 엿들으며 혼자 상상하곤 했다. '언젠간 나도 그 클럽에 가서 내가 좋아하는 밴드의 공연을 보고 난 뒤 카우보이들과 영예롭게 맞서 싸우리라.' 아! 그러나, 내가 뭔가를 보여주기도 전에 시에서는 클럽을 폐쇄시켜버리고 말았다.

서서히 나이가 들면서 나는 펑크록 음악뿐 아니라 문학작품과 영화에도 관심을 가지게 되었고, 이러한 문화를 만들어낸 동네들에 대해서도 매력을 느끼게 되었다. 1905년의 러시아, 1차 세계대전 중의 취리히, 1920년대의 파리, 1960년대의 헤이트 애시베리Haight Ashbury, 1975년의 런던······. 많은 경우, 이 전설적인 동네 씬들은 그곳에서 나온 예술보다 더 흥미로웠다. 런던은 1975년에 실제로 좋은 음악을 만들기도 했지만, 그보다도 한 세대의 밴드들에게 자극을 준 도시였다는 데 더 큰 의의가 있었고, 취리히는 제임스 조이스James Joyce와 레닌Nikolai Lenin의 작품들을 세상으로 내보내는 산파역을 했다. 이런 경우, 사실 우리가 낭만적으로 생각하는 것은 예술 그 자체라기보다는 이런 예술을 가능하게 했던 주변환경이다.

분명 한국에도 예전부터 명동, 인사동, 대학로 같은 곳에 예술 씬들이 있어왔다. 그러나 이 씬들은 권력의 감시를 받아왔고, 따라서 전복적인 작업들은 이 씬의 일부로서가 아니라 다른 곳에서 비밀리에 이루어져야 했다.

시간은 흘러서 이제 자유를 향한 18년의 세월이 지난 지금, 이 나라는 미술, 음악, 글, 영화, 연극, 춤 등의 씬들을 모두 아우르는 하나의 동네를 창조했고, 전국 각지에서 서울로 모여든 자유롭게 창작하고 싶은 사람들은 홍대앞이라는 곳으로 발걸음을 옮기고 있다.

나 역시 한국에 처음 왔을 때 홍대앞에서 살고 싶었다. 그리고 결국 성신여대앞에서 연희동을 거쳐 홍대앞에서 살게 되기까지는 2년의 더딘 여정이 필요했지만, 다른 곳에 사는 동안에도 난 기회만 있으면 홍대앞으로 놀러왔다. 나는 사람들을 만날 수 있고 홍대앞을 특별하게 만드는 게 뭔지 엿볼 수 있는 바, 라이브 뮤직 클럽, 공원 같은 곳들을 찾아다녔다. 하지만 뭐니뭐니해도 내가 가장 먼저 찾은 곳은 좋은 카페였다. 왜냐하면 좋은 카페야말로 동네 씬을 위한 유일한 절대조건이기 때문이다.

카페 문화의 역사에 대해서는 이미 수많은 책이 쓰여졌다. 그중에서도 특히 누가 당시의 유행을 주도하느냐를 놓고 사르트르Jean Paul Sartre, 카뮈Albert Camus, 시몬느 드 보부아르Simone de Beauvior, 오스카 와일드Oscsr Wilde, 제임스 조이스, 헤밍웨이Ernest Hemingway 같은 작가들에게 집과도 같은 역할을 했던 '카페 드 플로어Cafe de Flore'와 '레

뒤 마고 Les Duex Magots'가 서로 경쟁을 벌였던 일은 가장 유명하다. 작가들이 거의 하루 종일 이런 카페에서 시간을 보낸 데에는 글을 쓰고 동시대 작가들을 만나는 것 외에도 현실적인 이유가 있었다. 그들이 사는 호텔이 너무 지저분하고 좁았기 때문에 카페가 거실이자 곧 사무실의 역할까지 했던 것이다. 실제로, 19세기 말 오스트리아 빈의 카페에서는 커피 한 잔 가격으로 테이블 하나를 하루 종일 차지할 수 있는 권리를 살 수 있었다. '그린스타이들 Griensteidl' 같은 카페는 글을 쓰는 사람들을 위해서 각종 참고 서적들을 비치해두었고, 단골손님들은 자신의 우편물을 이곳에서 받아보기도 했다. 게다가 정말 멋진 것은 카페에 저녁 외출복을 따로 보관해둘 수 있어서 옷을 갈아입으러 집에 갈 필요가 없었다는 사실이다. 나는 보관해둘 저녁 외출복은 없었지만, 공부하고 일하고 쉬면서 사람들을 만나고 씬을 경험할 수 있는 장소가 절실하게 필요했다.

민주화를 이루기 전 서울 시내의 커피숍들은 조용하게 목소리를 낮춘 정치 논쟁의 장과 같은 역할을 했다. 하지만 민주화가 성취되고 나자 뭔가를 도모하고 창조하는 것이 덜 중요해졌는지도 모른다. 그래서 카페 문화는 '스타벅스 Starbucks'로, 또는 더 우울하게도, 뻔뻔스러운 스타벅스의 짝퉁 '스타프로우 Starprow'로 옮겨갔다. 대학로 근처에 살 때 나는 커피를 마시며 일을 할 수 있는 곳을 찾아다녔지만 허사였다. 삼청동은 훌륭한 카페들은 있지만 씬을 만드는 데 필수 요소인 단골손님이 없었다. 명동은 스스로 창피한 줄 알아야 한다. 인사동은 스타벅스 역사상 처음으로 한글 간판을 달도록 하는 성과를 이루었지만, 이는 오래된 카페들이 하나씩 사라져간다는 사실을 메우기에는 턱없이 부족하다. 결국 홍대는 대부분의 문화를 독점하고 있는 것처럼 단골손님들 덕에 카페 문화도 독점하고 있다.

요즘의 내 거주지는 홍대앞에 있는 아주 작은 옥탑방이다. 이곳에서 나는 잠을 자고 집 근처에 있는 카페를 내 '거실'로 사용하고 있다. 난 오후 1시가 되면 일어나서, 걸어서 2분 거리에 있는 카페로 간다. 카페 안은 아직 한적하다(홍대앞의 아침은 항상 늦게 시작된다). 카페는 햇빛이 충분히 들어오는 널찍한 지하 공간에 있다. 테이블들은 서로 멀찍이 떨어져 있어서 다른 사람들의 대화에 방해받지 않는다. 한 테이블에서는 젊은 여성 건축가가 커피를 마시면서 일을 하고 있고, 다른 테이블에서는 출판사의 편집자가 작가를 만나고 있다. 문 옆자리에서는 어떤 남자가 노트북으로 작업을 하며 맥주를 마신다(홍대앞의 아침은 늦게 시작되지만 사람들은 일찍부터 술을 마신다). 카페 주인은 카운터에서 멀리 떨어진 한쪽 테이블에 앉아서 신문을 읽고 있다. 지금은 이렇게 한가하지만, 저녁 무렵이 되면 종종 자리가 없어서 손님들을 돌려보내야 할 정도로 북적댄다. 마음만 먹으면 쉬운 일이지만 주인은 더 많은 테이블을 설치하지 않는다. 게다가 커피 3천 원(리필도 된다), 맥주 3천 원이라는 저렴한 가격과 함께, 주인이 문화를 지원하는 데 관심이 많다는 사실을 보여주는 표시들도 있다. 정기적인 공연, 격주마다 열리는 전시회, 도서관에 버금가는 예술관련 서적들, 요즘엔 기회가 거의 없지만 손님이 별로 없을 때 주인 중 한 사람이 연주하는 한쪽 구석의 드럼 세트와 기타.

카페 드 플로어의 웨이터는 매일 사르트르에게 아침식사로 더블 꼬냑을 가져다주었다(카페 한쪽의 다른 테이블에서 작업을 하던 시몬느 드 보부아르가 못마땅한 표정을 지었으리라는 것은 상상하기 쉬운 일이다). 하지만 나는 다소 낮은 내 지적 수준에 더 어울리는 베이글과 커피를 고수한다. 커피를 다 마실 때까지 신문을 읽고, 그 다음엔 공부를 한다. 한 시간 정도 지나고 나면 하나둘씩 손님이 들어오기 시작한다. 이 카페의 단골손님들은 '홍대앞' 하면 떠오르는 사람들이다. 춤꾼, 화가, 작가, 외국인, 뮤지션, 출판인, 학생, 영화인……. 아직 손님들을 위해 우편물을 받아주거나, 저녁 외출복을 보관해주지는 않지만, 그래도 이곳에서는 하루 종일 테이블을 차지하고 있어도 아무 문제가 되지 않는다. 가끔은 내가 가져간 CD의 음악을 틀어주기도 하고, 나한테 뭔가를 맡길 게 있으면 친구들은 이 카페에 맡겨놓는다. 사르트르는 그의 카페에 개인 전화선을 설치했다지만 나는 그렇게 무리한 요구를 하지는 않는다. 나는 오후 내내 카페에 머무르면서 가방을 테이블에 놓고 점심을 먹으러 가고, 나중에는 날씨도 좋은 김에 노을 칵테일을 한 잔 하며 하늘 빛깔이 변하는 모습을 보기 위해 건너편 길가에 있는 바에 가기도 한다. 한두 시간 뒤에 카페에 돌아오면 손님들이 바뀌어 있다. 난 그들과 앉아서 맥주를 몇 병 마신다. 다음 약속장소에 가기 전까지 나는 취해야 하기 때문이다. 저녁 8시쯤, 난 혼자서 밖으로 나선다.

카페를 나와서 홍익대학교에서 신촌으로 향하는 학원길을 걷는다. 이 길에 있는 거의 대부분의 빌딩 위층에는 미술학원이 자리잡고 있다. 이 학원들은 홍대앞을 말해주는 상징적인 건물들이다. 서울 전역에서 10대들이 미술을 배우러 이곳의 입시학원으로 온다. 지금은 쉬는 시간인 모양이다. 앞치마를 두른 소녀들이 계단에 앉아 캔커피를 마시고 있다. 토스트 가판점도 앞치마를 두른 소녀들로 가득 찬다. 나는 이 길을 걸으며 그들이 위층에서 무엇을 배우고 있을지, 미래에 무엇이 되고 싶어하는지 상상하는 게 좋다. 이들 중 몇 명은 미래에 예술가가 되어 이 동네 화랑에서 자신의 작품을 전시할 것이다. 그리고 물론, 이들은 여기에 다시 놀러올 것이다. 호기심이 많은 나 같은 사람에게 이 길을 걷기에 가장 이상적인 시간은 저녁 10시이다. 그때쯤 되면 학원수업이 끝나 모든 학생들이 길거리에 나와 인도를 점거하고 서로 인사하는 모습을 볼 수 있다. 잠시 후면 이들이 탄 학원 버스들이 끔찍한 저녁 10시의 교통체증을 어김없이 일으킬 것이다.

나는 계속 걸어서 오른쪽으로 꺾어 땡땡길(기찻길)로 접어든다. 보통은 고기를 먹기 위해 오는 곳으로만 알려져 있지만, 홍대앞 사람들에게 이곳은 새로 들어선 멋진 바와 클럽들로 유명해지고 있다. 아직은 홍대앞의 다른 지역보다 집세도 싸고, 유흥의 중심지에서도 꽤 떨어져 있어서 훨씬 느낌이 편안하다. 나는 새로 문을 연 바 가운데 한 곳으로 계단을 내려간다. 오늘 밤은 입장을 하는 데 유난히 시간이 오래 걸린다. 한 밴드의 멤버들이 음주측정기를 들고 한 사람씩 테스트를 하고 있다. 이곳에 입장을 하려면 취해야만 한다. 취한 정도에 따라 입장료가 다르게 적용된다. 만취가 된 사람은 몇 천 원만 내면 되지만 혈중 알코올 농도가 너무 낮은 사람은 2만 원을 내야 한다. 이미 카페에서 준비를 철저히 하고 온 나는 만 원만 내고 입장한다.

록 뮤직 공연에서는 관중이 차지하는 역할이 크다. 대공연장에서 공연하는 유명한 밴드에게는 쉬운 일이지만 소규모 밴드에게는 고정 팬들이 필요하다. '캐번 클럽Cavern Club'과 함부르크의 '비틀스

Beatles', 전 세계의 재즈 뮤지션들, 시애틀 밴드들, 뻐꾸기 둥지 클럽의 펑크 밴드들, 그들은 모두 동네 씬의 에너지로 자양분을 삼았고, 팬들의 격려가 없었다면 포기했을지도 모른다. 『뻐꾸기 둥지 위로 날아간 새 One Flew Over The Cuckoo's Nest』의 저자인 켄 키지 Ken Kesey를 비롯한 몇 명이 주도가 되어 1960년대 중반의 헤이트 밴드들은 문 앞에서 출입 테스트를 하는 파티를 스스로 열었다. 이 경우 관중들은 문에서 LSD 혹은 애시드 acid를 받았다. 이 파티들에서는 애시드의 도움에 힘입어, 연주하는 사람과 관중 사이의 구분이 완전히 희미해졌고 (의자를 가지고 춤추는 일반 관중이, 연주하기에는 이미 너무 몽롱해진 밴드보다 더 흥미로울 수 있었다), 톰 울프 Tom Wolfe는 이런 파티에서 자료를 얻어 뉴저널리즘의 효시가 된 책 『애시드 테스트 The Acid Test』를 쓰기도 했다.

오늘밤은 톰 울프에게 그랬던 것처럼 문학적 혁명에 영감을 줄 정도는 아니지만, 홍대를 올바른 방향으로 한 발자국 움직이는 계기는 된다. 이 동네 록 씬이 가지는 문제점 중의 하나는 팬들의 반응이다. 춤추고 소리 지르면서 공연에 참여하는 펑크팬들과는 달리, 일반적으로 관객들은 음료수를 홀짝거리며 노래가 끝날 때마다 박수만 쳐준다. 조금 가라앉은 기분은 들지만 그래도 팬들이 존재한다는 것만으로도 다행이다. 하지만 정작 존재하지 않는 것은 밴드들 간의 지원이고, 이것은 홍대 록 씬의 또 다른 문제점이다. 한 밴드가 공연하는 동안 관중 속에 다른 밴드 멤버들의 모습은 보이지 않는다. 이는 실망스런 일일뿐더러 진정한 뮤직 씬의 모습도 아니다. 모르긴 해도 1980년대 후반 시애틀에서 '머드허니 Mudhoney'가 공연을 할 때 '너바나 Nirvana' 멤버들은 분명 관중 속에서 열렬히 응원을 하며 함께 즐겼을 것이다. 나는 더 나아가 거기서 아무도 무알콜 음료수를 마시고 있지는 않았을 것이라고 장담한다.

하지만 오늘밤의 음주 테스트는 최소한 이러한 문제들 중 첫 번째 문제를 치료하기 위한 것이고, 이것은 유효했다. 테스트를 통과한 밴드들은 농담도 더 하고 장난도 더 치면서 활기차게 연주했고, 관중들역시 춤을 추고 소리를 지르며 모두 일어섰다. 오늘밤 대부분의 관객은 대학생들이다. 대학입시에 합격하기 위해 모든 규칙들을 배우고 따른 지 몇 년 만에 이들은 그 규칙 중 일부는 이렇게 행복하게 깨질수 있다는 마음으로 공연장을 떠날 것이고, 자신을 자유롭게 해준 홍대앞 문화에 고마워하게 될 것이다. 만약 술이 깼을 때 그들이 기억할 수만 있다면 말이다.

적당히 마시며 페이스를 조절한 나는 몇 시간 뒤 클럽을 나와서 '걷고 싶은 거리'로 향한다. 고기집들만 가득한 이 길은 공원이라고 할 수 없을 만큼 추하고 아무 짝에도 쓸모없고 사람들이 전혀 이용하지 않는다. 이 길을 한번 걸어보기만 한다면 공무원들은 자기들이 한 짓이 매력적인 가게들로 이루어진 미로와 골목들을 없애버리고 대신 돈 낭비만 한 것임을 쉽게 알 수 있을 것이다. 그러나 길 건너편의 주차장길에도 똑같은 짓을 하려고 계획하는 걸 보면 그들 중 아무도 이곳을 직접 걸어보지 않은 게 분명하다. 난 365번지가 있는 주차장길 쪽으로 발걸음을 옮긴다. 그때 갑자기 내 앞에 레즈비언 무리가 보인다.

홍대앞은 다양한 성정체성을 지닌 사람들에게는 일종의 휴식처와 같은 역할을 해주는 곳이다. 그리고 나는 이 사실이 정말 자랑스럽다. 이 동네의 게이와 페미니스트들이야말로 억압으로부터의 자유를 위해 싸우고 있다는 의미에서 학생운동 전통의 후계자들이다. 모든 논쟁 중에서 게이들의 권리야말로 가장 단순하고 흑백논리가 통할 수 있는 몇 안 되는 논쟁거리이며, 아마 심지어 전쟁보다 더 분명할 것이다. 히틀러는 총살당했어야 하지만, 박해를 받아야 마땅한 동성애자는 한 명도 없었다.

1960년대 중반 뉴욕의 그리니치 빌리지의 게이 씬은 이전에 비해 조금씩 사정이 나아지고 있었다. 그러나 여전히 경찰은 '풍기문란'이라는 명목하에 동성애자들을 체포했는데, 여기서 풍기문란한 행동이란 동성끼리 손잡는 것, 남성이 여성의 옷을 입는 것 등을 의미했고, 게이 바를 단속했을 때 현장에 있기만 해도 풍기문란한 행동으로 간주되었다. 1969년에 이르러 흑인해방운동, 여권신장운동, 반전운동이 정점에 달했을 때, 그리니치 빌리지 씬은 미국의 변화를 지켜보고 있었다. 그리고 일부 역사가들이 "기대치의 증가에 따른 혁명"이라 부르는, 권력이 마침내 마지못해 묵인하기 시작했을 때 실제로 시작되는 혁명이라는 개념에 부합하듯, 그 씬은 공권력이 허용할 수 있는 범위 이상의 것을 기대하기 시작했다.

1969년 6월 27일 경찰은 '스톤월 인Stonewall Inn'이라는 게이 바를 급습했고, 이는 뜻하지 않게 현대 게이 인권운동을 포고하는 사건이 되었다. 경찰이 스톤월의 손님들을 끌어내어 밖에서 대기하고 있던 경찰차에 집어넣고 있을 때, 한 레즈비언이 조용히 연행을 거부했고 그녀를 붙잡은 경찰과 몸싸움을 벌였다. 그녀의 저항에 감동을 받은 거리의 동성애자들의 분노가 폭발했다. 그 힘에 바로 압도당한 경찰들은 이제는 텅 비어버린 바로 도망쳐서 바리케이트를 쌓고 피신해 있었다. 경찰이 증원을 요청하고 있는 동안 소문은 동네에 퍼져나갔고, 그 동네의 패권을 놓고 400명의 경찰과 2,000명의 동성애자와 그들의 지지자들이 싸움을 벌였다.

3일간의 전투 후에 승패가 가려졌다. 결과는 동성애자들의 빛나는 승리였다. 게이 바들에 대한 단속은 중단되었고 동성애자 해방운동이 시작된 것이다. 오늘날 매년 6월 마지막 주 일요일에는 전 세계에서 게이 프라이드 시위가 열린다. 이 모든 것은 한 작은 동네가 본보기가 되어 스스로를 위해 일어나 싸우고 권력으로부터 자신의 동네를 되찾았기 때문에 가능한 것이었다.

오늘날 한국에서는 경찰이 동성애자들을 공개적이고 폭력적으로 박해할 것에 대한 두려움은 거의 없지만, 신체적인 폭력보다 더 고통스러운 것이 있다. 가족과 직장동료, 또는 법원으로부터 이해를 끌어내기가 너무나 힘든 상황이다. 그래서 이들은 차라리 편협하고 피에 굶주린 경찰에 맞아 머리통이 깨지는 것을 더 선호할지도 모른다. 이처럼 완고한 사회에서 홍대앞 사람들의 열린 마음과 지지는 큰 변화를 가져올 수 있다. 바 주인들이 레즈비언들을 여느 손님들과 구분없이 반갑게 맞이할 때, 동성애혐오자가 오히려 소수파인 이 환경에서 누군가가 동성애자를 처음으로 만날 때, 동성애를 주제로 한 파티나 영화제가 있을 때, 게이 인권에 대한 메시지는 대한민국 어디에서보다 홍대앞에서 더 쉽게 수용된다. 작가로서, 예술가로서, 출판가로서 언론의 최전선에 서 있는 홍대앞 사람들이 이들을 받아들이면서 이 나라의 관점도 바뀌어나갈 것이다. 아마도 미래에 가족에게 커밍아웃하는 동생애자들은 혁신적인 배우 홍석천이 그의 어머니에게 들었던

말, "남부끄러워서 살 수 없으니 온 가족이 다 죽자"는 말은 더 이상 듣지 않게 될 것이다. 홍대앞 사람들의 아주 작은 도움으로 말이다.

나는 무리 중의 한 여자를 알아보고 인사한다. 그런데 다른 여자들은 강한 경계의 눈초리로 나를 쳐다본다. 나는 결국 홍대앞을 걷고 있는 외국인이고 그래서 그들은 통계상으로 추론하는 것이다. 하지만 이 때문에 나는 그들이 더 자랑스럽다. '파이팅' 하고 마음속으로 외치며 나는 계속 길을 걷는다.

이주 노동자들의 권리, 장애인의 권리, 여성의 권리, 그리고 노동자들의 끊임없는 투쟁과 함께 게이 인권운동이 그 승리가 정당하고도 당연한 긴급한 대의인 반면, 그 성공을 장담하기 어려운 덜 긴급한 문제들이 있다. 그중 하나는 한국 사람들보다 한국에 있는 많은 외국인들을 더 안타깝게 하는데, 이는 아마도 외국인들이 여기서 나고 자란 사람들보다 더 객관적으로 이 비극을 볼 수 있기 때문이다. 그 문제는 한국, 특히 서울의 무분별하고 성급한 도시개발이다. 전쟁이 파괴하지 못한 것들을 이제 돈이 파괴해버렸다. 흥취 있는 골목과 가게가 있던 자리는 이제 천편일률적인 아파트 더미와 네온사인만 가득하다. 이 안에서 유일하게 행복하다고 느끼는 사람들은 이로 인해 돈을 버는 사람들일 것이다.

홍대앞에는 '365번지'라는 놀랍고도 맛깔스러운 건물군이 있다. 지난 20년에 걸쳐 아무렇게나 지어진 건물들이 모여 200미터 길이의 좁고 긴 띠를 이루고 있는데, 멋진 바와 가게들이 즐비한 이곳은 얼핏 보면 마치 판자촌처럼 보인다. 홍대앞 사람들이 저지하지 못한다면 이곳은 바로 다음번 파괴와 철거의 대상이 될 것이다. 그래서 건축가들, 예술가들, 관심 있는 지역 구성원 등 십여 명의 활동가들이 이 건물들을 살리기 위한 모임을 만들었다. 몇몇 지역 상인들의 로비에 의한 압력으로 인해 정부는 이 건물들을 부수고 내가 방금 지나온 공원과 별반 다르지 않은 또 하나의 '공원'을 만들려고 한다. 이 건물들을 살리는 일은 활동가들에게 고된 작업이 될 것이다. 지역사회 대부분은 상황을 제대로 인식하지 못하거나 무관심하고, 건물들의 일부를 정부가 지원하는 예술가들의 작업실로 바꾸고자 하는 활동가들의 희망은 정부의 생각과는 거리가 먼 듯하다. 그러나 만약 한국에서 자기 스스로를 방어하기 위해 조직화해내는 동네가 있다면 그곳은 홍대앞일 것이다.

오늘의 마지막 한잔을 하기 위해서 나는 365번지에 왔다. 이곳에 있는 한 바의 간판에는 불이 꺼져 있지만, 2층 창문으로부터 음악 소리와 대화 소리가 흘러나오고 있다. 바가 문을 닫은 게 아니라 분위

홍대앞으로와

弘大
文化

기가 느슨해지고 있고, 남아 있는 손님은 모두 단골들이고, 바텐더는 술을 마시기 시작했고, 모두들 누가 무엇을 마셨는지 더 이상 알 수 없는 상태가 되었다는 것을 의미한다. 계단을 올라가 바에 들어서자 앉아 있는 거의 모든 사람들이 반갑게 나를 맞아준다. 술에 취해 뻗어 있는 비디오 아티스트 옆에서는 라디오 프로그래머가 대학생과 이야기를 하고 있고, 그녀의 친구는 계속 혼자 술을 마신다. 주인은 건축가와 사진작가와 함께 앉아 있고, 전축을 차지하고 있는 인디 밴드의 드러머는 일본과 영국의 잘 알려지지 않은 최신곡들을 틀고 있다. 나는 재즈 레코드 가게의 주인 옆에 앉고 우리는 대화를 나눈다.

　카페 다음으로 한 동네의 예술 씬에서 중요한 역할을 하는 곳이 아마도 이런 바일 것이다. 작업을 위해서는 커피가, 대화를 위해서는 알코올이 필요하지 않은가. 따뜻한 맥주에 영감을 받은 C. S. 루이스Lewis와 J. R. R. 톨킨Tolkien은 '피그 앤 휘슬Pig and Whistle'이란 바에서 친구들에게 큰 소리로 구절들을 낭독해주며 그들의 글을 수정했다고 한다. 그날 공연이 없는 모든 록 밴드들과 재즈 뮤지션들은 바에서 음악에 대해 이야기하며 밤을 보냈다. 알곤킨Algonquin 문학 씬은 사실상 뛰어난 작가들이 매일 밤 모여 술 마시고 농담하면서 자기과시적으로 서로의 기싼을 쓴 것으로 유명하다. 심지어는 절대 금주주의자인 히틀러Adolf Hitler도 1920년대에 '브라트부르스트그로클Bratwurstglockl' 이란 바에서 그의 추종자들을 가르치고 혁명을 선동하며 밤을 보냈다.

  홍대앞에도 역시 사람들이 원하는 온갖 종류의 특성을 지닌 바들이 있다(내가 아는 한 파시스트를 위한 바만 없다). 그리고 지금 내가 있는 바에서처럼 모두가 행복하게 어우러진다. 나는 홍대앞이라는 환경이 모아놓은 손님들을 자랑스럽게 둘러보다가 창문 밖으로 무언가를 본다. 골목 건너편에 있는 건물에 여자들이 손님을 접대하는 바 간판이 요란하게 붙어 있다. 나는 곧장 냉소적인 기분이 들어서 오늘 하루 동안 있었던 모든 기분 좋은 일들을 잊고, 홍대앞에서 보낸 지난 4년 동안 일어났던 온갖 부정적인 변화들에 사로잡힌다. 치솟는 집세 때문에 쫓겨나는 멋진 가게들과 바들, 코너마다 적혀 있는 'fuck japs' 같은 낙서들, 언론의 부정적이고 거짓된 관심(나체의 펑크 밴드 공연이나 이른바 '섹스파티들' —나는 솔직히 양쪽 다 가보고 싶었지만, 애석하게도 일부 언론에서 보도하는 것처럼 그런 일들은 일어나지 않았다), 홍대앞 명동화의 선구자인 첫 번째 10층짜리 네온 건물.
  어떤 씬이 주목을 끌고 유행이 되면 주말에는 외지에서 사람들이 모여들면서 동네는 그들로부터 돈을 벌기 시작한다. 그러고 나면 그 지역은 걷잡을 수 없이 상업화되어간다. 1967년 샌프란시스코, 《라이프_{Life}》잡지가 '히피'를 머리기사로 다루면서 헤이트 거리에는 관광버스가 늘어나기 시작했다. "히피들이 시간을 때우는 방법은 마약에 취하고 난잡한 섹스파티에 탐닉하는 것입니다." 사파리 관광객들이 원숭이를 내려다보듯, 버스에서 창밖을 내다보는 관광객들에게 가이드가 마이크에 대고 보수언론의 편집자처럼 무식하게 말한다. 그러자 지역주민들과 씬 구성원들은 상징적인 관까지 갖추고 히피의 세계를 위한 거대한 장례 콘서트를 열었다. 다다이스트들이 그들의 씬의 죽음을 추모하며 열었던 장례식에서 영감을 받았던 모양이다. 그러고는 잘난 척하는 사람들과, 관광객들과, 마약 중독자들에게 이 동네를 남기고 새로운 동네로 이주해버렸다.

나는 창밖을 가리키면서 레코드 가게 주인에게 말한다. "저 간판은 마치 홍대앞 문화의 죽음을 예언하는 것 같아요." 그는 내 말을 듣더니 홍대앞이 지나치게 상업화되는 것을 막을 법규가 있다고 설명한다. 그러고는 절절하게 이렇게 선언한다. "홍대앞 사람들은 언제나 홍대앞 사람들일 거야. 돈도 그들을 절대 바꿀 수 없어." 나는 이렇게 물어본다. "그렇다면 인사동은 어땠죠?" 우리는 계속 주거니 받거니 대화를 이어간다. "골목 아래에 막 들어선 저 흉측한 네온투성이 건물을 보세요. 분명히 명동 사람들도 네온사인들이 막 올라가고, 뛰는 집세에 카페와 바들이 쫓겨나갈 때 동네가 죽어가고 있다는 걸 알았을 거예요."

"사람들은 쇼핑과 섹스를 위해서 홍대앞을 찾아오지는 않을 거야. 어디까지나 문화를 위해서 홍대앞에 올 거야." 더 이상 말할 요지가 없어졌다. 우리는 침묵 속에 앉아 있다.

한참 후에 그가 말한다. "글쎄, 만약 홍대앞이 살아남는다면 계속 좋아질 거야. 만약 죽는다면 우리는 이 동네가 최고였던 시절에 여기 살았던 행운아들이지."

"맞아." 건배를 하면서 나는 생각한다. '난 아직 홍대앞을 떠나거나, 홍대앞 문화를 장사 지낼 준비가 안 되어 있어.'

창밖에서 태양이 네온사인을 희미하게 만들며 떠오르기 시작하고, 우리는 다시 침묵 속에 있다.

번역_ 정수연, 이동준

홍
대
앞
으
로

와

弘大
文化

알렉 포터(Alec Porter) 캘리포니아 오렌지카운티에서 『반지의 제왕』을 읽고 스케이트보드를 타면서 자랐다. 고등학교를 졸업한 이후 진정한 음악팬이 되기 위해 대학 진학을 늦추었을 정도로 열렬한 음악팬이며, 가끔은 밴드에서 베이스를 직접 연주하기도 했다. 대학 졸업 후 다양한 직업을 경험하던 중 우연히 6개월 예정으로 한국에 체류하게 된다. 유난히 호기심이 많은 그는 어느새 한국문화에 푹 빠져들었고 아직까지 언제 한국을 떠나게 될지 모른다. 지금은 홍대앞 옥탑방에 거주하면서 영어 강사생활을 하고 있으며, 한국어는 카페나 바에서 생생한 현지어로 배우고 있다. 이제는 펑크록보다 컨트리 음악을 좋아한다며, 언젠가 고향에 돌아가면 펑크록 클럽이 아니라 바로 싸움의 근원지가 되었던 컨트리 클럽에서 매주를 마시겠다고 말하는 그는 카페문화 애호가이다.

www.howtoplayalone.net

'따로 또 같이'
문화를 처음으로
경험한 곳,

백스테이지

> > > 송정원

I'm a loser baby,
so why don't you
kill me?

I'm a loser baby,
so why don't you
kill me?

신촌은 성질 급한 운전자의 크락션 소리와 이른 저녁부터 술 취한 사람들의 알아들을 수 없는 괴성, 대학생들의 즐거운 웃음소리로 늘 북적거렸다. 팔랑거리는 치마를 입고 옆구리에는 전공 서적을 낀 채 걸어가는 대학생 언니들을 볼 때마다 독서실로 향하던 나는 매번 기가 죽었고, 야참이라도 먹으려고 독서실을 나와 슬리퍼를 끌고 편의점으로 향할 때면 스스로 너무 초라하게 느껴져서 나 자신이 이 거리에는 어울리지 않는 낯선 존재처럼 느껴지기도 했다. 신촌을 거니는 사람들 모두가 왠지 나만 제외하고 다들 서로 친한 사람들처럼 느껴졌다. 나에게 있어서 신촌은 시험기간에 딱 걸쳐버린 휴일 같은 느낌을 주는 곳이었다. 아무런 감흥도 느낄 수 없었고 마음도 불편했다.

그런 낯설음이 참을 수 없어지는 순간에는 홍대앞 주변을 어슬렁거리고 돌아다녔다. 처음에는 며칠에 한 번, 그러다가 언제부터인가는 매일 그 거리를 걸었다. 풀어야 할 문제집이 산더미처럼 쌓여 있어도 그 길을 걸었다. 음악을 들으면서 거닐다 보면 홍대앞 풍경은 이어폰에서 흘러나오는 음악과 뒤섞여서 한 편의 뮤직비디오가 되었다. 그럴 때마다 나는 사랑하는 사람을 떠나보내는 여주인공이라도 된 듯 몽롱한 착각에 빠져보기도 했다. 그때 내 나이 열여덟, 난 입시를 앞두고 있는 고등학교 3학년 수험생이었다.

그중에서도 신촌을 벗어나 홍대 쪽으로 진입하는 길, 그러니까 신촌교회 앞 횡단보도를 건너 산울림 극장으로 들어가는 길이 제일 좋았다. '마스터플랜' 앞을 지날 때만 해도 시끄럽던 거리는 와우교에 가까워질수록 서서히 조용해졌고 간판들도 더 소박해졌다. 투박하고 거칠고 황량한 느낌마저 들었지만, 그런 분위기가 편했다. 와우교 아래로 뻗은 낡은 기찻길은 특히 멋있었다. 서울에서 태어나고 자란 나에게 기찻길 옆의 텃밭이나 마른 나무들은 그나마 자연을 느낄 수 있는 공간이었다. 시내 유흥가 한복판에 기찻길이 있다는 사실이 너무 신기하게 느껴졌다. 가끔씩 시커먼 화물열차도 지나다녔다. 드라마에서 본 것처럼 양팔을 벌리고 평균대를 타듯 레일 위를 걷다 보면 마치 멀리 여행이라도 온 듯 온몸의 기운이 쏙 빠지면서 황홀한 기분마저 들었다. 그럴 때에는 입시공부고 뭐고 다 집어치우고 그대로 땅바닥에 누워서 자고만 싶었다.

내가 '백스테이지'를 알게 된 건 그해 장마가 끝나고 살이 녹이버릴 듯한 무더위가 시작될 무렵이었다. 여름은 안 그래도 기운 없는 입시생들에게는 너무 가혹한 계절이었다. 그건 한량처럼 지내는 나 같은 입시생에게도 마찬가지였다. 나는 항상 영혼의 감시자이자 소울메이트인 친구와 함께 패스트푸드점에서 나란히 이어폰으로 음악을 듣거나 독서실 건물 계단에 걸터앉아 음악에 대한 어설픈 평론을 늘어놓으며 무더위를 잊곤 했다. 내가 지겨워하건 말건 그녀는 항상 '스매싱펌킨스 Smashing Pumpkins' 이야기로 열을 올렸고, 그녀의 호응이 전혀 없어도 난 항상 마크 존슨 Mark Johnson과 '포플레이 Fourplay'를 들먹였다. 그러던 어느 날 그녀가 불쑥 이렇게 말했다.

"우리 백스테이지에 가자!"

음악감상실 백스테이지는 두 곳에 있었다. 동교동의 대로변에 있는 백스테이지 I은 주로 하드록이나 헤비메탈을 들을 수 있는 음악감상실이었고, 백스테이지 II는 얼터너티브록이나 아트록, 펑크 punk, 펑크 funk, 팝 음악 등 다양한 음악을 감상할 수 있는 곳으로, 내가 좋아하는 홍대앞과 신촌의 중간 지점에 있었다. 우리가 간 곳은 백스테이지 II였다. 음습한 반지하로 내려가 뻑뻑한 문을 열어본 나는 지금까지 보지 못했던 분위기에 깜짝 놀랐고, 그곳을 가득 메우고 있는 음악 마니아들의 진지하고 학구적인 모습에 감탄했다. 뮤직비디오를 상영하는 스크린이 한쪽 벽면을 가득 채우고 있었고, 교회에나 있을 법한 딱딱하고 기다란 나무의자들이 나머지 공간을 가득 메우고 있었다. 의자는 모두 스크린을 향해 배치되어 있었고, 서로 얼굴을 마주보고 이야기를 하는 사람은 아무도 없었다. 각자 자기 방식 대로 몸을 흔들고 뮤직비디오를 보면서 맥주나 콜라를 마시거나 컵라면을 먹을 뿐이었다. 오로지 음악에 대한 열정만으로 가득 메워져 있던 공간이었다.

그날 이후 난 독서실에 있는 시간보다 백스테이지에 머무는 시간이 더 길어졌고, 자연히 저녁을 밥 대신 컵라면으로 때우는 횟수도 늘어났다. 하루에 3천 원씩 받는 용돈을 모아서 갔으니 체리코크보다는 배를 채울 수 있는 컵라면을 먹을 수밖에 없었다. 백스테이지에서 나의 신청곡은 언제나 '벡Beck'의 'Loser'란 곡이었다. 노래 가사 가운데 "I'm a loser baby, so why don't you kill me?"가 나오면, 사람들은 마치 정말로 패배자라도 된 듯 어깨를 축 늘어뜨린 채 고개를 까딱거리고 흔들었다. 목이 쉴 정도로 "I'm a loser" 부분을 따라 외치는 순간에는 언제나 통쾌했다. 공부하라고, 그래서 성공하라고 들들 볶아대는 어른들에게 마치 한 방 먹이는 듯한 기분이었다.

그날도 역시 난 독서실에 가방만 던져놓은 채 백스테이지로 발길을 옮겼다. 메뉴판은 펼쳐보지도 않고 "늘 마시던 걸로" 하며 바텐더를 쳐다보는 영화 주인공의 눈빛을 흉내내면서 난 언제나처럼 컵라면을 주문했다. 그리고 신청곡 메모지와 펜을 받아왔다. 누구나 가끔 그럴 때가 있을 것이다. 한참 동안 잊고 있었던 노래를 자기도 모르게 하루 종일 흥얼거리거나 멜로디가 귓가에 계속 윙윙거리고 떠나지 않는 경험 말이다. 그날 오전부터 내가 흥얼거리고 다닌 건 붉은 피처럼 끈적끈적하고 음습한 마릴린 맨슨Marilyn Manson의 곡이었다. 더 이상 생각해볼 것도 없이 난 메모지에 '마릴린 맨슨-Sweat dreams' 라고 갈겨쓴 후 DJ에게 건네주었다. 그러고는 돌아서서 두 발을 채 떼기도 전에 아차! 싶은 생각이 들었다. Sweat dreams, 땀 꿈이라니!

난 종이를 다시 빼앗을 생각으로 몸을 잽싸게 돌렸지만 DJ가 나보다 조금 더 빨랐다. "Sweet dreams 말씀하시는 거죠?" a를 e로 고친 메모지를 보여주며 묻는 그녀의 말에 난 모기만 한 소리로 겨우 "네" 하고 대답하면서 얼굴이 홍당무처럼 빨개지고 말았다. 뜨거운 컵라면이 입으로 들어가는지 코로 들어가는지도 모르고 난 뮤직비디오가 흘러나오는 화면만 뚫어져라 바라보았다. 등줄기를 타고 식은땀이 흘러내렸다. 지금까지 내가 먹어본 라면 가운데 가장 뜨거운 컵라면이었다.

대학에 입학하면서 나의 생활은 완전히 달라졌다. 더 이상 은밀하고 음침한 백스테이지에 앉아서 "I am a loser"를 따라 부를 필요는 없었다. 대학에서 새로 만난 친구들과 엠티를 다녔고, 그러다가도 가끔은 고3만 지나면 끝날 것 같았던 기말시험의 중압감에 여전히 시달려야 했으며, 시험이 끝나면 친구들과 몰려다니면서 미친 듯이 클럽에서 춤을 추기도 했다. 내가 다시 백스테이지를 떠올리게 된 건 그곳 주인이 가게를 정리하고 미국으로 떠났다는 소문 때문이었다. 건너서 들은 소문이니까 사실 여부는 알 도리가 없다.

청소년기의 나에게 있어서 백스테이지는 단순한 음악감상실 이상의 특별한 공간이었다. 그곳을 알기 전까지만 해도 난 모든 것을 혼자서 즐기는 아이였다. 불과 10여 년 전 이야기지만, 노래방을 간다는 것이 정학의 충분한 이유가 될 정도였으니까 클럽은 감히 생각도 못했고, 영화관 또한 학교 단체 관람이 아니면 가기 힘든 상황이었으므로 홀로 비디오를 보았다. 좋아하는 그룹의 콘서트는 홀로 라디오 생중계를 들었다. 나에겐 컴퓨터도 없었을 뿐더러 인터넷도 지금처럼 발달되어 있지 않았기 때문에 누군가와 음악에 대한 생각을 나누기니 자료를 공유할 수도 없었다. 그러니까 누군가와 좋아하는 음악을 함께 듣고, 그 자리에서 같이 열광하고 흔들며, 덥혀진 공기로 길이 숨을 쉬는 특별한 경험을 백스테이지에서 처음 해본 것이다. 사람들이 왜 굳이 극장에 가서 영화를 보고, 공연장에 가서 음악을 듣는지를 처음 몸으로 체험하게 된 공간이었다. 백스테이지에서 같이 음악을 들었던 우리는 이름도 얼굴도 전혀 모르는 사이지만 그곳에서 함께 놀았다. 말 한 마디 나누지 않고 눈인사조차 건넨 적이 없었지만 우린 컵라면과 체리코크를 먹으면서 함께 놀았다. 같은 것을 보고, 같은 것을 듣고, 함께 열광했으므로 우린 '따로 또 같이' 즐기며 놀았던 셈이다.

강산도 변하게 한다는 10년의 세월이 홍대앞을 스쳐갔고, 주변 풍경도, 나를 포함해서 그 거리를 메우고 있는 사람들도 모두 달라졌지만 홍대앞은 여전히 나의 쉼터이자 놀이터이다. 매일 저녁 나는 어김없이 야근할 것이라는 사실을 뻔히 알면서도 다이어리에 빼곡하게 적힌 홍대앞 공연 일정을 체크해본다. 가고 싶은 공연들이 한 날짜에 겹치면 안타까워하기도 하고, 입장료를 내고 나면 가벼워질 지갑을 걱정하며 혼자 투덜거리기도 한다.

홍대앞 클럽은 10년 전의 백스테이지가 그랬던 것처럼 나에게 특별한 공간이다. 7미터도 안 되는 거리에서 내가 좋아하는 뮤지션과 눈과 귀로 교감하고, 같은 음악을 좋아하는 사람들과 함께 살을 부딪

홍
대
앞
으
로

와

弘大
文化

치며 흔들고 소리 지르는 동안 내 머릿속의 모든 스트레스는 쏟아져 나가고 그 자리에는 새로운 에너지가 채워진다. 나는 여전히 홍대앞 작은 클럽에서 사람들과 '따로 또 같이' 어울리며 논다. 그 사이에 달라진 점이 있다면 이제는 같은 공간에서 자주 마주치는 이들과 눈인사를 할 정도의 넉살이 생겼다는 것, 불안한 미래로 늘 머리가 무거웠던 입시생에서 현재의 자유를 즐길 수 있는 직장인이 되었다는 것, 두 손에 뜨거운 컵라면 대신 시원한 맥주가 들려 있다는 것, 그리고 미국으로 훌쩍 유학을 가버린 나의 소울메이트 대신 사랑하는 남편과 함께라는 것.

일요일 오후가 되면 우리 부부는 게으름으로 늦어버린 아침을 해결하기 위해 홍대앞까지 걸어오곤 한다. 홍대앞 도로변의 노천 카페에서 햇살 냄새와 뒤섞인 종이 냄새가 올라오는 책을 읽거나, 책 읽는 것이 지겨워지면 커피가 식어버릴 때까지 턱을 괴고 앉아서 지나가는 사람들을 구경한다. 왠지 눈에 익은 여자, 예뻐 보이는 연인들, 야한 복장과 헤어스타일의 여자, 헤드셋을 끼고 고개를 까딱거리는 남자, 작은 스쿠터에 앉아 전화 통화를 하고 있는 남자. 홍대앞 거리를 지나는 그들을 지켜볼 때마다 문득 궁금해진다. 백스테이지에서 떡딱한 나무의자에 앉아 뮤직비디오를 뚫어져라 응시했던 그들, 고개를 흔들며 "I am a loser"를 따라 부르던 그들은 지금쯤 이디서 무엇을 하고 있을까? 그들도 야근에 찌든 초췌한 한 주를 보내다가 주말만 되면 홍대앞 어느 클럽에서 음악과 함께 한 주일의 스트레스를 풀고 있을까? 백스테이지에서 컵라면과 체리코크를 먹으며 '따로 또 같이' 즐기며 놀던 그들, 적지 않은 10년의 세월로 서로 못 알아보는 것일 뿐 지금 내 눈앞에서 홍대앞 거리를 거닐고 있는 이들일지도 모른다는 생각이 든다.

따로 또 같이, 문화를 처음으로 경험한 곳, 백스테이지

송정원 직업은 카피라이터. 홍대 인근에서 15년째 살고 있는 지역주민으로 최근에는 역시 이 부근에 신혼살림을 차렸다. 나름대로의 인생계획에 의하면, 10년 뒤에도 이곳에서 소소하게 살아가고 있을 것이라고 한다. 따뜻한 봄이 되면 곧 만나게 될 뱃속의 아이도 20대의 어느 날에 독립을 선언하지 않는 한 10대와 20대를 홍대앞에서 보내게 될 것으로 예상하고 있다. 남들처럼 8학군에 보내달라고 아이가 떼를 써도 소용없다고 단호하게 말할 정도로 홍대앞을 떠나는 것은 상상조차 못한다는 그녀에게 있어서, 홍대앞은 지금까지 그녀가 살아온 역사가 그대로 살아 있는 일기장 같은 곳이고, 고향이면서 동시에 언제나 열에 들뜨게 만드는 짝사랑의 대상이기도 하다.

www.cyworld.com/sjw8542

요즘은 홍대앞 길을 걸을 때면 너무나 달라지는 동네 분위기에 가끔씩 놀라곤 한다. 놀이터에서 홍대입구 지하철역까지 이어져 있는 길을 걷다 보면, 주말에는 새벽 첫차가 다닐 시간임에도 불구하고 밤을 꼬박 새우고도 여전히 무쇠 같은 체력을 자랑하는 사람들이 북적대는 반면에, 주차장 골목을 가로질러 합정역 방향으로 조금만 내려가도 거리가 조용하다 못해 암울한 분위기마저 느껴지는 동네가 나타나기 때문이다. 이처럼 정반대되는 분위기의 두 구역을 이어주는 다리가 되는 지점이 주차장 골목이고, 그 한가운데에는 상당히 오래 전부터 남자 세 명이 터를 잡고 운영하는 포장마차가 존재하고 있어서 어떤 기점의 역할까지 해주고 있다.

사실 이런 이야기는 굳이 홍대앞을 거론하지 않아도 어느 도시, 어느 구역을 가나 필연적으로 느껴야만 하는 문제일지도 모른다. 만약에 내가 홍대가 아닌 경기도 구리시 인창동에 대한 글을 쓰고자 한다고 해도 상황은 별반 다르지 않을 것이다. 그렇다면 난 대략 '요즘 들어 구리시 인창동을 거닐 때마다 나는 그 부근의 분위기에 놀라곤 한다……' 뭐 이런 톤으로 글을 쓰게 될 것이다. 그만큼 도시는 언제나 비슷한 양상으로 변하고 있고, 그 변화의 속도는 갈수록 빨라지는 것처럼 느껴진다. 다만 규모의 차이만 있을 뿐 변하지 않는 공통점이 있다면, 어느 도시나 철저하게 상권이 교통의 중심지에 펼쳐져 있고 그곳을 중심으로 도시가 번화하게 된다는 것이다. 너무 뻔한 얘기 같은가? 물론 이처럼 뻔한 이야기를 하려는 것은 아니다. 내가 이 이야기를 꺼낸 이유는 그 안에서 한 가지 신기한 사실을 발견했기 때문이다.

홍대앞, 구체적으로 말해서 홍대 정문 건너편에 있는 놀이터 주변 지역에는 필요 이상으로 많은 편의점이 존재하고 있다. 그리고 그 사실은 교통의 중심지에 상권이 발달한다는 것과는 또 다른 어떤 요인들이 그 원인으로 작용하고 있다는 의혹을 품게 만든다. 사실 놀이터를 둘러싼 지역 정도의 규모라면 편의점은 하나만 있어도 충분하고 조금 불편하다 싶으면 두 개 정도의 편의점이 있는 것이 적당할 것이다. 정확히 얼마나 많은 편의점이 있는지는 말하지 않을 터이니, 기회가 되고 정말로 할 일이 없다면 한 바퀴 동네를 돌면서 세어보길 바란다(참고로 난 한심하게도 한 바퀴 돌면서 전부 세어보았다). 어쨌거나

아주 잠깐 사이에 이 지역에는 너무나도 많은 편의점들이 등장했다. 그리고 홍대앞은 편의점의 수가 늘어나는 속도만큼이나 빠른 속도로 변했다.

바로 며칠 전, 난 제법 인기 있는 화가로 활발하게 활동하고 있는 한 친구와 늦은 밤에 홍대앞 거리를 방황하고 있었다. 이유는 고기를 구워 먹을 불판을 찾기 위해서였다. 하지만 어느 편의점에서도 친구가 찾는 불판은 찾을 수 없었다. 나야 워낙 그런 문제에 무신경한 편이라 신경쓰지 않았지만, 나보다 훨씬 더 오랜 시간을 홍대앞에 머물렀고 지금도 머무르며 골목대장질을 하고 있는 친구는 이미 한참 전부터 얼굴을 불그락거리고 있었다.

이미 새벽이 다 된 시간이었지만, 금요일에서 토요일로 이어지는 시간이었던 탓인지 거리는 여전히 사람들로 넘쳐나고 있었고, 우린 홍대앞 놀이터 주변에 있는 편의점이란 편의점은 모조리 뒤지고 다녔다. 난 고작 한 블록 안에 이렇게 많은 편의점이 존재한다는 사실에 다시 한번 놀랐다. 그 친구가 찾는 불판으로 쓸 그 '무엇인가'는 나도 잘 모르는 물건이라 지금 이 글을 쓰는 시점에서도 그게 무엇인지 잘 모르겠다. 이 글에 대한 책임감을 운운하자면, 난 지금 친구에게 전화를 걸어서 '너가 찾던 그 불판이 어떤 물건이냐'고 확인을 해봐야겠지만, 그 친구에게 전화를 하면 본론보다 사족이 더 길어질 확률이 높고 그 사족을 거론하다 본론을 빼먹는 일이 비일비재한 관계로 포기했다.

홍대앞 편의점을 모조리 돌아본 이 친구는 다른 동네 편의점에 가면 다 있는 그 불판이 이 동네에만 없다고 마침내 성질을 내기 시작했다. 그래서 난 친구에게 이렇게 대답해주었다.

"여긴 홍대앞이잖아."

나의 이 한마디에 그 친구는 아무 말 없이 불판 찾기를 포기하고 다시 작업실로 걸음을 옮겼다. 어떤 상점이든 편의점이든 그 지역에 가장 어울리는 상품들을 가져다놓는 것은 당연한 일이다. 그만큼 '홍대앞'이라는 상권에 존재하는 편의점들에는, 조금 과장해서 표현하자면 단순화되고 소비적인 물건들만 가득해졌다는 얘기가 된다.

내가 기억하는 '홍대앞'은 오래전부터 나의 문화적인 욕구를 충족시켜주는 장소였다. 그런데 이제는 어디를 가도 쉽게 구할 수 있는 일상적인 사물들마저도 구하기 힘든 장소, 수시로 소비되고 버려지는 일회용 소비품만이 무지막지하게 소비되는 장소가 되어버린 것 같다. 한 동네 안에 존재하는 모든 상점들이 주말에 벌어지는 각종 행사들에 사활을 거는 시스템으로 바뀌어버린 것이다. 그 동네 안에서 오랜 시간 살아온 사람은 현재 불판 하나 구해보려고 새벽에 실바닥을 헤매고 있으니 짜증이 날 만도 할 것이다.

결국 우리는 공사장에서 돌덩어리 몇 개를 구해왔다. 그리고 30년 묵은 고구마 모양의 뇌가 해골 속에 들어 있는 우리 남자 셋은 어떻게 하면 가장 빨리, 그리고 맛있게 고기를 구울 것인가를 놓고 궁리하면서 고기를 굽기 시작했다. 하지만 얼마 되지도 않아서 친구는 다시 신경질을 내기 시작했다.

"왜 이렇게 안 익어!"

그 신경질에는 홍대앞의 변해버린 상황에 대한 원망이 역력하게 투사되고 있었다. 우리는 그래도 그나마 돌덩어리를 집어올 공사장이라도 있는 게 어디냐고 서로 위안을 하면서 고기를 구웠다.

이제 조금만 지나면 그 공사장에도 번쩍이는 건물이 세워질 것이고, 그러고 나면 불판뿐만이 아니라 돌덩어리 구하기도 힘들어질 것이다. 하지만 그보다 더 무서운 사실은 그 새로 지어진 건물에는 주변 여건을 고려해볼 때 휴대용 가스레인지에 넣을 일회용 가스조차 구비하지 않는 편의점이 들어올 확률이 상당히 높다는 사실이다. 그리고 친구의 작업실 바로 앞에 들어서게 될 편의점은 편의점 특유의 화사하고 밝은 '형광등 미소'로 하루 24시간 친구의 성질을 자극할 것이 분명하다.

난 문득 홍대앞에서 오랜 시간을 살아온 저 친구가 왜 불판이 없다고 짜증을 내야 하고 돌덩이리에 고기를 구워 먹으면서 고기가 빨리 안 익는다고 화를 내야만 하는 것일까 하는 생각이 들었다. 바로 이 동네에 사는 사람들이 이 동네의 주인이어야 하는 것 아닐까? 편의점에서의 편의라는 것은 과연 누구를 위한 편의일까?

1990년대 초반의 홍대앞은 주류문화에 염증을 느끼는 사람들이 모일 수 있는 장소였다. 왜냐하면 도시의 천편일률적인 구획화 이후로 그나마 무언가 다른 아우라를 지닌 장소들이 드문드문 홍대 주변과 신촌 일대에 밀집해 있었기 때문이고, 우리들이 주말만 되면 하는 일이라는 것이 그 별난 곳들 중에서도 가장 취향에 맞는 곳을 찾아다니는 일이었기 때문이다.

당시에 음악 마니아들은 지금은 모두 사라지고 없는 카페에 모여서 음악감상회를 가지곤 했다. 그곳에서 우린 정말 힘겹게 구해온 앨범들을 소중하게 그리고 수줍게 꺼내놓았고, 모두가 감탄과 경외의 시선으로 그 음반들을 바라보곤 했다. 조심스럽게 그 앨범의 음악들을 들었고 음악 이야기로 시간 가는 줄 몰라 했었다.

그러고 나면 우린 카페를 나와 간단한 식사를 한 후 '백스테이지 II'라는 음악감상실로 가서 당시에는 앨범조차 구하기 힘든 영미권 모던록 그룹들의 뮤직비디오와 공연 실황을 음료수 한 잔 값에 즐길 수가 있었다. 우린 원하는 뮤직비디오를 한 편이라도 더 신청하여 보기 위해서 최대한 사람들이 몰리지 않는 시간대에 달려가곤 했다. 지금 생각해보면 왜 그렇게 다급한 심정으로 뛰어가야만 했는지 이해가 안 되지만, 그땐 그렇게 절박하고 소중했던 모양이다.

그리고 조금 더 특별한 날에는 모두가 가방 안에 자신의 베스트 CD들을 넣어 와선 당시의 클럽(지금의 클럽과는 완전히 다른 분위기의 장소였다)을 찾아가 DJ에게 그 CD들을 틀어달라고 부탁도 했고, 틀어주지 않으면 그 음악들을 틀어줄 클럽들을 찾아다니곤 했다.

종합해보자면, 우린 이곳을 배회함으로서 음악적인 자양분을 얻었고, 모든 정보 교류 또한 이 동네의 구석구석에서 이루어졌었다. 그리고 그것이 밴드의 결성으로 이어지기도 했다. 어디에서도 구할 수 없는 정보들이 유독 홍대앞에 집중적으로 유입되고 있었고, 그것들을 찾아나서는 과정을 우리들은 너무나 소중히 여겼다.

당시 홍대앞 골목골목에는 신기한 장소, 한 번쯤은 가볼 만한 장소들이 있었고, 당시의 이 동네 주인은 분명하지는 않지만 이곳의 문화를 향유하며 주말마다 떠돌아다니는 우리 같은 사람들일 것이라는 분위기가 팽배해 있었다. 당시에는 편의점이 거의 없었지만 그때는 지금처럼 부족한 뭔가 때문에 화를 내야 하는 일도 드물었다.

하지만 한 가지 분명한 것은, 우리들은 당시에도 소수였고 지금은

홍대앞으로와

弘大
文化

분명 예전과는 다르게 많이 보편화되었지만 여전히 소수에 불과하다는 사실이다. 그리고 우리와 함께 숨을 쉬던 그 장소들, 독특한 문화적 기운을 내뿜던 색깔 분명하고 나름대로 고집까지 드러내던 장소들은 모두 오뎅바나 고깃집으로 업종 변경을 하거나 그러지 않은 곳들은 모조리 불판을 절대로 구비해놓지 않는 편의점으로 변해버렸다.

오랜 시간 홍대앞을 거닐다가 이젠 30대가 되어버린 우리 같은 고구마들이 여전히 투덜거리는 이유는 바로 그 때문이다. 자신들이 마치 무리에서 쫓겨난 늙은 대장 원숭이 꼴이 된 기분이 들기 때문에. 그리고 유일한 자존심에 가까울 법한 물건인 불판도 없고, 함께 문화적 공기를 공유하던 장소들은 불판을 취급해주지 않는 편의점이 되어버렸고, 그 편의점 수는 유별날 정도로 많아졌고, 자신들이 오랜 시간 머물러 있음에도 이 동네가 자신들을 필요로 하지 않는다는 기분이 들기 때문이다. 그 많은 편의점들이 편의점의 편의만을 도모하고 있는 것이 아닌가 하는 생각이 들 정도로 말이다.

홍대앞 편의점이
홍대앞 사람들의 편의를
봐주지 않는 이유는 도대체 무엇까?

홍
대
앞
으
로

와

弘大
文化

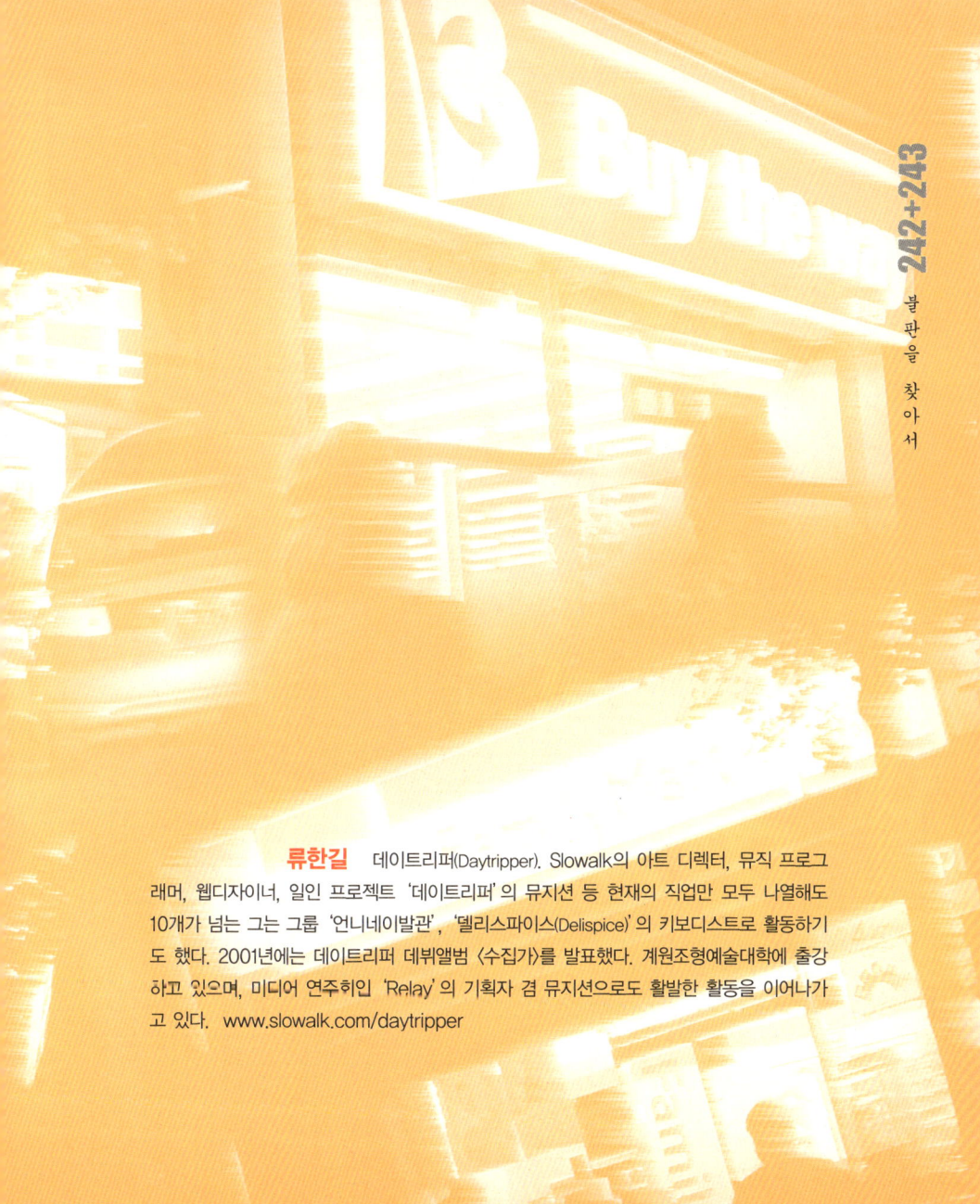

류한길　데이트리퍼(Daytripper). Slowalk의 아트 디렉터, 뮤직 프로그래머, 웹디자이너, 일인 프로젝트 '데이트리퍼'의 뮤지션 등 현재의 직업만 모두 나열해도 10개가 넘는 그는 그룹 '언니네이발관', '델리스파이스(Delispice)'의 키보디스트로 활동하기도 했다. 2001년에는 데이트리퍼 데뷔앨범 〈수집가〉를 발표했다. 계원조형예술대학에 출강하고 있으며, 미디어 연주회인 'Relay'의 기획자 겸 뮤지션으로도 활발한 활동을 이어나가고 있다.　www.slowalk.com/daytripper

내 아지트의
역사

김 짝 가

나는 지금 파주 헤이리 예술인 마을에 있는 음악감상실 '카메레타'에서 이 글을 쓰기 시작했다. 헤이리 예술인 마을의 럭셔리함이란 〈섹스앤더시티 Sex and the City〉에서 본 뉴욕의 카페들에 비할 바가 아니다. 벽면 하나가 스피커고 서울 어느 카페에서도 본 적 없는 높은 천장, 한가로운 저녁에 나는 헤이리 카페에 앉아 홍대앞 카페에 대한 글을 쓰려고 한다. 홍대앞에서 알게 된 어떤 친구가 나를 이곳으로 데리고 왔기 때문이다. 여기 오는 길에 차 안에서 친구는 물었다.

"제일 자주 가는 카페가 어디예요?"

카페 '이리' 얘기부터 해야겠다. 아마 여기 오지 않았으면 나는 카페 이리에서 이 글을 썼을 것이다. 그만큼 자주 가는 곳이다.

이리 카페가 문을 열 때 즈음, 홍대앞 사람들 사이에 이야기가 돌았다. "상우가 카페한다더라." 상우가 누구냐. '코코어 Cocore'와 '허

클베리핀Huckleberry Finn', '3호선버터플라이'를 거친 드러머다. 부산
사람이고 홍대앞에선 한 10년쯤 있었던 것 같다. 성은 김이다. 음악
만으로는 역시 먹고 살기 힘드니까 동생이 하는 사업을 같이한다더
니 돈 좀 벌었나 싶었다. 홍대앞의 카페라니, 음악 좋아하고 술 좋아
하고 놀기 좋아하는 만인의 로망 아니던가.

개업전야였다. '쌈지스페이스' 근처의 골목길, 신축건물의 지하
입구벽에 '카페 이리'라고 쓰여 있었다. 요란한 간판이 아니라는 게
우선 마음에 들었다. 신도시 유흥가의 럭셔리 재즈바(그러나 케니 지
Kenny G를 틀어주는)처럼 멋 부린 것도 아니고, 그저 담백하게 화강암
벽의 검정 글씨. 안에 들어서자 당연히 사람이 아무도 없었다. "어,
오랜만이네." "이야, 돈 좀 벌었나 보다. 분위기 죽이는데." 주절주
절. 당초의 예측과는 달리 친구와 동업으로 오픈한 것이었으며, 둘의
자본을 거의 올인하다시피 하여 개업했다고 했다. 동업하는 친구가
미술을 전공하여 인테리어는 직접 했단다.

근데 이 공간이 딱 내 취향이었다. 사방에 스피커가 달려 있었고 테
이블이 다닥다닥 붙어 있지 않았다. 나무 위주로 시공된 내부는 갓 오
픈했음에도 몇 년쯤 된 듯한 분위기였다. 하루를 입어도 십 년 된 것
같고 십 년을 입어도 하루 된 것 같다는 모 양복 광고의 카피가 딱 이
럴 때 쓰이겠다 싶었다. 이런 유의 인테리어란 오버하면 민속주점이

되기 십상이지만, 카페 본연의 모던한 분위기를 잃지 않은 게 마음에 들었다. 그리고 나중에 안 사실이지만, 가면 갈수록 구석구석 섬세한 배려가 되어 있다는 걸 알았다. 예컨대 불규칙하게 배치된 듯한 테이블 아래의 나무 뚜껑을 열면 노트북 유저를 위한 전원이 설치되어 있다든가, 무선 인터넷이 된다든가 하는 그런 자잘한 것들 말이다.

　오랫동안 카페에서 에스프레소 더블샷 한 잔 놓고 노트북으로 뭔가를 하고 있는, 좋게 말하면 뉴요커스럽고 나쁘게 말하면 속물스러운 모습에 대한 동경이 있었기 때문에, 나는 처음으로 노트북을 들고 카페로 향했다. 물론 한쪽 벽에 빼곡히 들어찬 예술 서적을 뒤적이며 엘스워스 켈리 Ellsworth Kelly부터 데미언 허스트 Damien Hirst에 이르는 작가들의 화집을 탐독하고, 각종 해외 패션 잡지들을 넘기며 세계 각국의 트렌드와 식견을 두루 흡수하고, 그동안 구경도 못했던 음악 관련 원서들을 눈이 벌개져라 들여다보며 글에 써먹을 게 없을까 낑낑거렸다. 여기서 돌발 퀴즈. 방금 말한 서적 중 내가 실제로 읽은 분야는 무엇일까? 뭐, 그게 중요한 건 아니니까. 아무튼, 이리는 정말 마음에 들었다. 친구가 하기 때문에 마음에 드는 게 아니라, 이렇게 마음에 드는 공간을 친구가 하고 있다는 게 더 마음에 들었다.

　내 취향이 유별난 건 아니다. 따라서 내 마음에 드는 공간은 다른 사람 마음에도 든다. 누군가에게 강렬한 인상을 남긴 공간은 다른 사람에게도 강렬한 인상을 남긴다. 이리가 처음 문을 열었을 때, 상우는 매우 걱정했었다. 여력이 안 되어 홍보를 못한다고, 장사가 잘 안되면 어떻게 하냐고. 하지만 쾌적한 공간과 섬세한 인테리어, 뻔하지 않은 음악, 아니 꽤 괜찮은 음악에 가끔 있는 공연 등, 카페라면 어디나 갖고 있어야 할 평범한 조건 같지만 사실 이런 카페는 결코 흔하지 않다. 자연스레 입소문을 몰고 왔다. 목마른 사슴이 물을 찾듯 카페다운 카페를 찾는 사람들은 하나둘씩 모이기 시작했다.

어느 날 우연히 이리에서 '델리스파이스Delispice'의 준호 형을 3일째 마주쳤을 때는 이리가 홍대앞 카페의 대세가 됐음을 인정했다. 그런데 문제가 생겼다. 사실 하루 종일 카페에 죽치고 앉아 있는 사람들은 뻔하다. 특히 한번 들어오면 나가기 힘들다는 홍대앞에서는 더 그렇다. 초등학교부터 대학교까지 모두 홍대앞에서 지냈으며 졸업한 후에도 이 바닥을 떠나지 못하고 있는 나 같은 사람은 그 '뻔한 사람들' 대부분을 지인으로 둘 수밖에 없다. 따라서 이리의 손님들 중 한두 테이블은 아는 사람이 되는 경우가 흔해졌다. 하지만 아는 사람이 곧 친한 사람은 아니다. 때로는 보고 싶지 않은 사람도 있다. 행여나 그런 사람이 뒷자리에 앉아 내가 하는 이야기를 엿듣고 있다는 느낌이라도 들면 그만큼 곤란한 경우도 없다. 그런 일이 한 번이라도 일어나면 매일 오던 곳도 일주일에 한 번으로 줄게 된다. 그렇게 해서 멀어진 곳들이 있었다. '바다'와 '코스모스'다.

바다와 코스모스는 둘 다 술집이다. 음악과 술과 사람을 좋아하는
사람이 모인다는 공통점이 있다. 코스모스에는 주로 뮤지션들이 모
이는 반면, 바다에는 주로 뮤지션이 아닌 사람들이 모인다는 차이가
있다. 그 둘을 매일 도장 찍다시피 나갔던 때도 있었다. 그리 먼 얘기
도 아니다.

바다를 알게 된 지는 꽤 됐다. '황신혜밴드'의 원년 멤버였으며
2002년 지자체 선거에서 마포구의원에 출마했다가 분루를 삼킨 조윤
석 형을 따라 갔던 게 처음이었다. 머릿속으로 그리고 있던 영국의
펍 같은 느낌이 무척 좋았다. 공간의 대부분을 차지하고 있는 바에
여러 사람들이 둘러앉아 많은 얘기를 하고 있었다. 이 사람들이, 모
두 느슨하게 또는 긴밀하게 연결돼 있다는 느낌이 진작 사라져버린
공동체에 대한 열망을 살짝 자극했었던 것으로 기억한다.

하지만 정작 그 뒤 바다는 정말 어쩌다가 가끔 가게 되는 곳이 되
었다. 간다 한들 바가 아니라 테이블에 앉아 일행과 맥주 몇 병을 홀
짝거리다가 올 뿐, 바에 앉은 적은 없었다. 엄두를 내지 못했다는 게
정확할 것이다. 왜 그랬을까. 이질적이라고 느꼈던 걸까. 그랬을지도
모른다. 후일 아무렇지도 않게 바에 앉게 되었을 때도 그랬다. 건너

건너 많은 사람들과 인사를 나누고 적잖이 잔도 부딪혔지만 그 누구와도 말을 섞거나 형 동생 누나 오빠 관계를 맺어본 적이 없다. 의도한 것도 아닌데, 왠지 그렇게 됐다. 그런 상황에서 자꾸 새로운 사람들을 만나게 되는 게 부담스러웠던 것 같다. 뭔가 이질적이었던 게 분명하다.

　나와 함께 바다에 몇 번 정도 갔던 친구가 한 번 호되게 댄 모양이다. 그 친구는 영화를 한다. 어느 날, 그 친구가 다른 영화인과 함께 바다에 가서 술을 마셨다. 둘 다 영화인이니 화제가 자연스레 최근 개봉한 한국 영화로 흘렀다. "그건 그게 문제야. 반면 이런 부분은 꽤 좋았어." 이런 식의 대화를 나눴다. 테이블에 앉아 있었다면 그걸로 끝났을 텐데, 둘은 바에 앉아 있었다. 근데 마침 옆자리에 프랑슨가 어디서 영화 유학을 마치고 돌아온 언니 두 명이 그 얘기를 다 듣고 있었던 게다. 그 언니 중 한 명이 그들에게 말을 걸었다. 친구의 회상에 의하면 눈빛에 경멸이 가득 담겨 있었다고 한다. "대체, 영화에 대해서 얼마나 안다고 그렇게들 말하시는 거죠?" 아, 이 난데없는 간섭이라니. 바에서는 종종 낯선 마음과 낯선 마음이 만나 친해지기도 하지만, 낯선 마음끼리 충돌해서 전혀 불필요한 갈등을 낳기도 한다. 본의 아니게 곤경을 겪은 친구는 밑도 끝도 없이 말했다. "왠지 껍데기밖에 없는 것 같아."

바다에는 한자리에 붙어 있는 암초가 있다. 암초 주변을 떠나지 않는 물고기도 있고 한곳에 머물러 있을 수 없는 회유어도 있다. 나와 내 친구 같은 사람은 회유어였을까. 그래도 우리에겐 술과 음악과 사람이 필요했다. 옛날 가요를 LP로 틀어준다 하여 유명해질 만큼 유명해진 '곱창전골'의 사장 정선생이 옛날 팝을 LP로 틀어주는 술집을 오픈한다는 얘기를 그때 들었다.

'걷고 싶은 거리' 구석, 눈에 띄지 않는 곳에 있는 코스모스는 개업날부터 성시였다. 손님들은 대부분 오랫동안 곱창전골을 사랑했던 사람들이었다. 대부분 음악하는 사람들이었고, 음악을 하지 않아도 홍대 인디 씬 주변에 머무르고 있던 사람들이었다. 1980년대 디스코가 울려퍼지면 즉석에서 댄스 파티가 벌어지기도 했고, 록 클래식이 나올 때는 일제히 싱얼롱하며 밤을 즐겼다. 따로 약속을 잡지 않으면 만나기 힘든 사람들을 늘 만날 수 있다는 게 좋았다. 음악하는 사람들에게 코스모스는 새로운 아지트였다. 매일 출근 도장을 찍다시피 했다. 밤 11시쯤 집에 가다가 왠지 생각나서 음악이 새어 나오는 문을 열어보면 어김없이 친구들이 있었다. 한두 시간쯤 빈 맥주병을 앞에 쌓아놓고 집으로 가곤 했다. 동종업계에 있는 사람들을 그렇게 일상적으로 만날 수 있는 곳은 정말 오랜만이었다. 모르는 사람은 열

홍대앞으로 와

弘大
文化

명 중 한 명. 아는 사람이 열 명 중 한 명인 상황과는 게임이 다르다. 뻘쭘함과 친숙함의 거리는 그만큼 멀다.

그러나 이런 상황이 반드시 좋은 것만은 아니다. 양날의 칼이다. 어느 날이었다. 5~6개 정도 되는 테이블이 모두 아는 사람으로 가득 차 있는 상황. 만약 내가 그들과 모두 친했다면 술꾼에게 있어서는 그만한 천국이 없었으리라. 하지만 대부분 그런 상황에서는 유통기한이 끝난 관계들을 더 많이 마주치게 된다. 서로의 속마음을 보여줄 수 없는, 그저 안부만 묻고 헤어지는 관계 말이다. 거리에서 그들을 마주치면 웃으며 지나갈 수 있지만, 한자리에 앉아 몇 시간을 보내게 되면 부담스럽다. 어색하다. 단지 오랜 세월 동안 한 공간에 함께 있었다는 이유만으로 친근함의 가면을 쓰고 있어야 하는 것이다. 끝난 유통기한을 엿가락처럼 길게 늘여야 한다. 퍼석퍼석하게 마른 관계에 억지로 광택제를 칠해야 한다. 그 순간 문득 이 관계들이 금붕어의 몸뚱이에 매달린 똥줄기 같았다. 정신이 아득해졌다. 10여 년 만에 다시 군중 속의 고독과 조우했다. 그들과 무슨 말을 해야 할지 알 수 없었다. 아니, 이들이 지금 무슨 말을 하며 저렇게 웃고 있는 것일까 궁금했다. 귀에 아무런 말도 들어오지 않았다.

우울한 기분으로 코스모스를 나왔다. 홍대앞에 너무 오래 머무른 게 아닐까, 후회가 되기도 했다. 대안은 없었다. 지금 내가 압구정에,

청담동에, 삼청동에, 대학로에 가서 뭘 한단 말인가. 황무지를 개척할 수 있는 프론티어 정신이 나에게는 없다.

　하지만 나는 여전히 이리와 코스모스, 바다에 간다. 그럼에도 찬사 일변도가 아닌 까닭은 그 공간들과의 관계가 현재진행형이기 때문이다. 한창 진행 중인 연애가 무조건 알콩살콩할 수만은 없듯이 지금 가는 공간이 그저 아름답게 보일 수만은 없다. 따라서 이제 정말 끝나버린 연애에 관한 이야기를 해야겠다. 아무 인상도 없었던 사소한 기억들은 사라지고 시간의 힘을 빌려 추억으로 남아버린 그곳들. 문을 닫았기에 가고 싶어도 갈 수 없는 그곳들을 더듬어야겠다. 1990년대 말과 2000년대 초, 온갖 난장을 부리고 모략을 꾀하던 날의 배경들.
　'벨앤세바스찬'이라는 곳이 있었다. 적어도 내가 알기론 최초의 모던록 바를 표방했던 곳이었다. 브릿팝과 얼터너티브의 전성기, 홍대앞 모던록의 융성기를 동시대에 겪었던 사람들이라면 가봤을지도 모르겠다. 기존에 음악을 틀어주던 술집들의 이상향이 1970년대 록 르네상스였다면, 벨 앤 세바스찬은 동시대였다. 이름부터 그렇지 않은가. '레드제플린 Led Zeppelin'도, '도어스 The Doors'도 아닌 '벨앤세바스찬 Belle And Sebastian'이었다.
　음침한 바 한구석에서 폐병 걸린 문학 청년이 기형도의 시를 읽고 있거나 이제 사회인이 되어버린 한때의 음악 청년들이 넥타이를 두르고 앉아 좋았던 옛시절을 회상하며 폭탄주를 마시는 분위기가 벨앤 세바스찬에는 없었다. 인심좋게 생긴 아저씨가 아니라 한 번도 이름을 물어보지 않았던 30대 후반의 누나가 하루 종일 바를 지키고 있었다. 소년소녀들은 '스팽글'과 '클럽빵'에서 공연을 보고 온 후 원목 질감이 살아 있는 나무 테이블이 아니라 검은 체크천으로 둘러싸인 철제 의자에 앉아 호프 대신 병맥주를 마시며 음악을 듣고 이야기를 나눴다. 인터넷 음악 동호회의 1세대들과 오프라인 음악 동호회의 마지막 세대들이 교차했다. 그들은 거기서 벨앤세바스찬과 엘리엇 스미스Elliot Smith를 들었고 '라디오헤드Radiohead'와 '피치카토파이브 Pizzicato Five'를 이야기했다. 광장시장을 뒤져 산 구제 셔츠를 입고, 시대가 아니라 취향을 공유하던 청춘의 한 페이지를 쓰고 있었다.

　　모던록 소년소녀들을 등지고 2000년 9월의 어느 날, 나는 '노브레인Nobrain'의 전 기타리스트였던 차승우와 함께 데킬라를 마시고 있었다. 펑크 레이블인 문화사기단의 10월 정기 공연을 기획하기 위해서였다. 먼저 말을 꺼낸 건 차승우였다. "형, 이제 사고를 쳐야지. 사고." "사고! 좋지. 근데 무슨 사고를 칠까." 몇 잔의 데킬라가 오고 갔다. "서태지가 복귀한다며." "오, 안티 서태지 그거 재밌겠다." 일은 어떻게 벌리고 누구를 끌어들이고 명분은 뭘로 세울까? 데킬라 한 병을 다 비울 때까지 신이 나서 떠들었다.

한 달도 안 되는 시간 동안 일이 눈덩이처럼 커져 예상도 못했던 기자회견까지 해야 했지만 나름 짜릿했다. 그래도 다 애들 장난이었다. 우리의 장난에 공중파 3사 뉴스 카메라가 놀아났다. 남은 건 하나도 없었지만 그래도 재밌었다. '아이러브스쿨'의 열병이 거세던 그때, 곧 결혼을 앞둔 초등학교 때의 첫사랑과 이룰 수 없는 사랑의 밀어를 나눴던 곳도 벨앤세바스찬이었고, 홍대앞은 끝났다고 선언하던 어느 예술 박사님에게 막말을 해가며 싸웠던 곳도 벨앤세바스찬이었다. 몇 년 뒤 임대차보호법이 발효됐다. 어떤 건물주들은 월세를 대폭 인상했다. 벨앤세바스찬은 그래서 사라졌다. 그 많은 모던록 소년소녀들은 어디론가 흩어졌다가 지금쯤 '로베르네집', '공중캠프' 같은 곳에 자리잡고 있을 것이다. 아직까지 홍대앞에 머물고 있다면.

모던하지도 쿨하지도 않았지만 진심으로 좋아했던 곳이 있다. 간판도 없이 그냥 '막걸리집'이라 불렸다. 고급 이탈리안 레스토랑을 마주하고 있던 어느 고급 바의 반지하 주차장, 10평이 채 되지 않는 공간에 어느 날 떡 하니 생긴 막걸리집은 밀주로 만든 막걸리와 잔치국수, 뭐라 말할 수 없는 전류를 팔았다. 테이블이 좁아 낯선 사람들

과 합석하기 일쑤였고 내 또래로 무용을 전공했던 주인장은 장사에
는 별 뜻이 없는지 손님들과 술을 퍼마시곤 했었다. 군데군데 이빨이
나간 사기그릇으로 막걸리를 퍼마시다 보면 종종 동이 트곤 했다. 김
치 몇 쪼가리와 부침개로 대신한 안주가 실할 리가 없었다. 울렁거리
는 속을 오바이트로 달래고, 어느덧 그 위에 삼삼오오 모인 비둘기를
경멸하며 뚜벅뚜벅 집으로 걸어갔다. 홍상수 영화에 나오면 딱 어울
릴 만한 곳이었다. 1960년대 소설에나 나올 법한 대폿집 분위기였다.

에너지가 강한 사람들이 모였고 홍대 토박이들의 아지트가 됐다.
'어어부프로젝트'의 백현진, 코코어의 이우성 같은 홍대 토박이들이
허구한 날 술이 잔뜩 취해 그곳에 앉아 있곤 했다. 백현진은 막걸리
집의 주인장인 원중 씨와 연애하다시피 했고, 급기야는 쌈지사운드
페스티벌 무대에 원중 씨를 끌어들이기까지 했다.

막걸리집은 얼마 후 '드럭' 맞은 편의 작은 주택 2층으로 확장 이
전했다. 원중 씨는 여전히 장사에는 뜻이 없었고, 고물 라디오에서는
한대수의 테이프가 돌아갔다. 막걸이와 전은 남아 있었지만 국수는
더 이상 먹을 수 없었다. 대신 어쩌다가 가끔 주꾸미 데침 같은 걸 먹
기도 했다.

그래도 사람들은 많았다. 사이비 예술가들이 모여들어 문제였지
만. 대체 몇 년째 뭘 하는지 알 수 없고, 허구한 날 예술이란 무엇인

가에 대해 떠들다가 땡전 한 푼 안 내고 사라져버리는 그런 사람들을 배경 삼아 어울리던 친구들이 있었다. 지금 말하자니 부끄럽지만 '아나키스트 동맹'이란 이름의 모임이었다. 서로의 본명도 모르고 나이도 모르며 개인사도 알지 못하는 친구들이었지만, 서로 굉장한 케미컬을 내며 매일 어울리곤 했었다. 그들 중 누군가와는 처참하게 끝나버린 동거까지 했었다. 그들 대부분을 지금은 만나지 않는다. 만난다 해도 그때 얘기는 하지 않는다. 그들 중 누군가는 영화를 하고 있고 누군가는 결혼했고 누군가는…… 아무도 잘 살 것 같지 않았지만 지금은 모두 거짓말처럼 다들 잘 살고 있다. 나이 먹기를 피한 사람은 아무도 없었던 거다. 막걸리집의 원중 씨는 2003년, 술에 취해 한강 고수부지에서 강으로 뛰어들었다. 여름이었다. 더우니까 그냥 수영을 하고 싶었을 것이다. 헤엄쳐서 뚝섬까지 갈 수 있다고 생각했을 것이다. 그 뒤로 막걸리집 같은 곳은 나타나지 않았다. 아나키스트 동맹의 친구들처럼 케미컬이 강한 사람들도 다시 만나지 못했다. 술집도 친구들도 모두 사라졌다.

  나는 지금 걷고 싶은 거리, 코스모스 바로 옆에 있는 '요기'에서 이 글을 마무리하고 있다. 학교 선배인 한주 형이 운영하는 이 작은 가게는 맛있는 국수와 볶음 요리를 맛볼 수 있는 곳이다. 메뉴에 없는

홍대앞으로와

弘大
文化

요리도 그날그날 재료에 따라 추천을 받아 먹을 수 있다. 테이블도 두 개밖에 없다. 음악은 마음대로 틀 수 있다. 나는 요즘 여기서 대부분의 사람을 만난다. 주로 '이쎄이'에서 한 병에 5만 원이 채 되지 않는 호세 쿠엘보 몇 잔을 마신 후 맛난 안주와 맥주로 목을 축이러 꽤 먼 길을 걸어 여기까지 온다. 모든 요리를 다 그때그때 즉석에서 하기에 다른 집보다는 비교적 오랜 시간을 기다려야 한다.

숙주나물과 돼지고기 볶음을 기다리며 내가 거쳐왔던, 20대의 아지트들을 하나하나 떠올려본다. 그동안 피운 담배와 비운 술잔만큼 많은 곳들이 생각난다. '록월드'와 '발전소', '백스테이지'와 '더블 듀스', '후인'과 술집에서 군대 가기 전의 학창 시절을 보냈고, 앞서 말했던 곳에서 제대 후의 삶을 보냈다. 월드컵과 함께 사라져버린 놀이터의 팔각정에서 펑크 동생들과 술에 취해 새벽을 맞이했고, 걷고 싶은 거리 아니 굽고 싶은 거리가 돼버린 먹자 골목, 아니 죽자 골목에 몰려 있던 민속주점에서 학교 친구들과 첫 차를 기다리곤 했다.

모두 홍대앞에 있었다. 한 번도 홍대앞을 떠난 적이 없었다. 만난 사람들도 모두 홍대앞에 있었다. 그들도 홍대앞을 떠난 적이 없었다. 나도 그들도 앞으로 홍대앞을 떠나지 못할 것이다. 누군가가 그랬다. 홍대앞에 사는 사람들은 홍대앞이 아니면 한국에서 살 곳이 없다고. 그 많은 술집과 카페들 중 홍대앞 사람들이 모이는 곳 또한 마찬가지

일 것이다. 홍대앞이 아니면 오픈할 생각도 못할 그런 곳이다. 아니, 홍대앞에 있었기 때문에 그런 모습을 갖추게 된 곳이다. 사람들이 그렇게 만들었다.

　서로 뒷담화를 까면서도, 질긴 인연에 지긋지긋해하면서도, 가면 마주칠 걸 뻔히 알면서도 찾아가게 되는, 뭔가 작당모의할 게 없을까 두리번거리며 술 한잔 얻어먹을 사람 없을까 고개를 둘러보는 그런 곳이 나의, 우리의 아지트였다. 결국 아줌마들의 동네 미장원과 같은 곳들을 찾아 낮과 밤을 보냈다. 가고 싶어도 갈 수 없는 곳이 있고, 갈 수 있어도 선뜻 발길이 떨어지지 않는 곳이 있다. 그러다 보면 어딘가는 문을 닫을 것이고, 발길이 떨어지지 않던 이유는 망각으로 사라질 것이다. 아쉬워하고 있노라면 누군가 아는 사람이 어딘가 아는 곳에 새로운 카페나 술집을 오픈할 것이다. 길을 가다가 우연히 발견해서 들어가볼 수도 있고, 소문을 듣고 작심해서 찾아가볼 수도 있다. 역시 아는 사람들을 만나게 되고 새로운 사람과 인사를 하게 될 것이다. 그러고는 그래도 역시 옛날이 좋았다며 회상에 잠길 것이다. 그 대화 안에서 이리 카페와 바다, 코스모스는 천국의 반열에 오르리라. 혹은 변질된 공간을 아쉬워하며 그때의 그곳이야말로 사람 냄새가 넘쳐 흘렀다는 착각에 빠지리라. 언제나 과거는 아름다웠고 현재는 아쉽기 마련이기 때문에. 그것이 동네의 일상이기 때문에.

김작가(김성민) 초·중·고교와 대학교를 모두 홍대앞에서 다녔으며, 졸업 후에도 홍대앞에서 공연기획, 음반제작, 음악잡지기자 등을 하며 놀았다. 영화주간지 《필름2.0(FILM2.0)》 기자를 거쳐 현재 일간지를 비롯한 여러 매체에 음악 칼럼을 정기적으로 기고하고 있으며, 부업으로 연애와 섹스에 관한 칼럼을 쓰기도 한다. KBS, CBS, 원음방송의 라디오 프로그램에 게스트로 출연하고 있는데, 맡고 있는 코너 성격이 모두 제각각이라 종종 정체성의 혼란을 겪고 있다. 애니콜 뮤직 캐스트와 마포FM의 음악방송 진행도 맡고 있다. 앞으로 언제 홍대앞을 떠날지 모르지만 실행력 부족으로 당장 그럴 일은 없을 것 같다. 요즘 가장 큰 고민은 내년에 결혼을 할지 말지에 대한 강박이라고 한다. 심지어 여자도 없는 주제에. www.cyworld.com/zakka

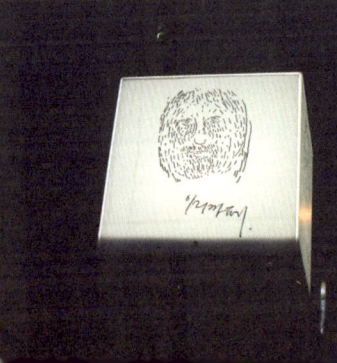

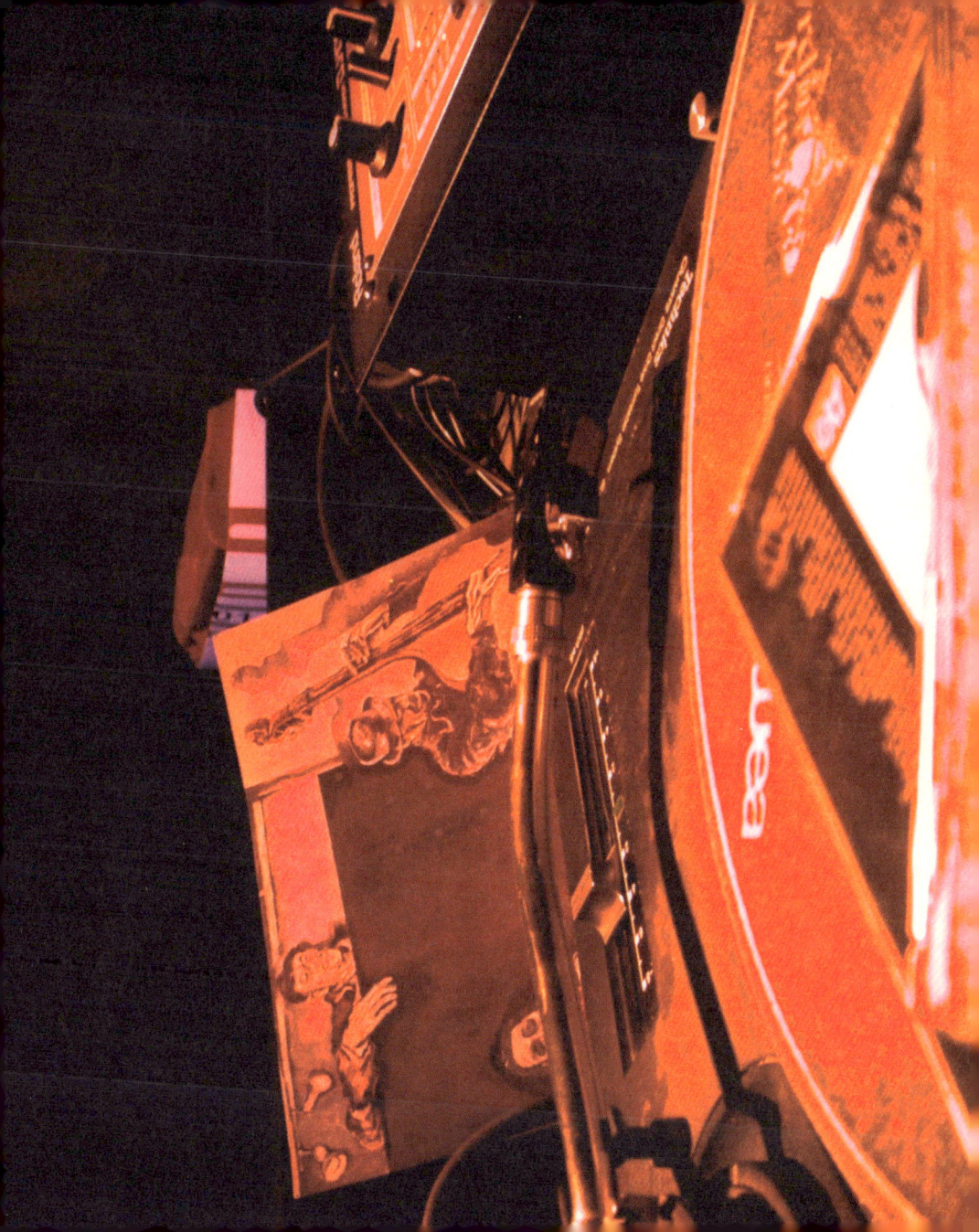

바텐더의 하루

>>> 이제원

저녁 6시. 오늘도 옆집에서 어렴풋이 들려오는 〈동물의 세계〉 타이틀곡과 함께 눈을 비비적거리며 일어난다. 한 번쯤은 달라질 법도 한데 희한하게도 눈만 뜨면 이 시간이다. 대충 씻고 어영부영 나갈 채비를 한다. 끼니 대신 담배 한 개비를 꺼내 물고 늘어지게 기지개를 켜자 뼈 마디마디가 신음한다. 뒤뚱거리며 올라탄 자전거 역시 페달을 밟을 때마다 방금 잠에서 깨어난 내 몸처럼 삐걱거리는 소리가 요란하다. 부실한 자전거가 남 같지 않아 피식 웃음이 새어 나온다. 귀가하는 학생들과 퇴근하는 직장인들 틈바구니에서 뒤늦게 시작되는 나의 아침 아닌 아침은 코끝을 간질이는 상쾌한 바람마저 무색케 한다.

아무렴 어떠랴, 열심히 발을 굴려 도착한 곳은 홍대앞 주차장 골목. 골목마다 이미 하루 일과를 마친 사람들로 북적거린다. 그들의 들뜬 기분과는 상관없이 난 가게 뒷문을 열고 어두컴컴한 계단을 더듬어 내려간다. 테이블을 뒤덮고 있는 먼지를 닦아내고 클럽 입구의 유리문을 활짝 열고 계단을 물걸레질하고 나니 벌써 이마에 땀이 맺히기 시작한다. 창고에 쌓인 맥주 박스를 옮겨와 냉장고를 가득 채우고, 바 진열대의 비어 있는 양주병을 체크한다. 주방 냉장고를 열어 과일이나 얼음이 부족한지 살피고, 필요한 안주와 냅킨 등을 주문한 뒤 팝콘을 튀기며 한참을 콜록거린다. 조명을 어둡게 하고는 빔 라이트를 켜고 CD를 걸어놓는다. 오픈 준비를 마치고 나니 저녁 7시, 이제야 한숨을 돌린다. 가끔은 가게문을 열기가 무섭게 들이닥치는 손님도 있지만 오늘은 그런 날이 아닌 듯하다.

　바 안쪽에 앉아서 텅 빈 클럽을 멍하니 바라보고 있자니, 지난 몇 년간의 기억이 새삼스레 머릿속을 헤집는다. 20대에 갓 들어섰던 시절, 난 친구들과 클럽을 빌려 대관공연이란 걸 하면서 밴드 활동을 시작했다. 하지만 단 한 번의 대관공연으로 나의 음악 인생에 종지부를 찍을 수는 없다는 망상에 사로잡힌 나는 당시에 밴드를 십여 차례 옮기면서까지 홍대 바닥을 벗어나지 못하고 있었다. 달리 하는 일 없이 무작정 밴드에 매달릴 수만은 없어 최소한의 생계유지를 위해 아르바이트 전선에도 뛰어들었다. 지루하기 짝이 없는 건 둘째 치고 좀스런 시짐장의 잔소리가 그칠 날이 없었던 편의점 아르바이트를 시작으로, 손님 대신 파리만 날리다가 급기야 문을 닫고 말았던 룽고음반매장의 점원생활, 그나마 덜 심심했던 만화방이나 비디오방 아르바이트, 온종일 뛰어다니며 각 테이블의 시중을 드느라 온몸이 쑤셔댔던 호프집 홀서빙…… 음악 인생은 제대로 챙길 틈도 없이, 널린 게 일이지만 정작 하고 싶은 일은 찾기 힘든 아르바이트 인생이 시작되고 말았다.

온갖 아르바이트를 섭렵하던 끝에 눌러 앉은 곳이 바로 이곳, 얼마 전까지도 내가 손님으로 즐겨 찾던 클럽이다. 좋아하는 음악을 실컷 들을 수 있다는 것만으로도 어느 정도 위안이 되었고, 일에 지장만 주지 않는다면 술을 실컷 마실 수 있을뿐더러 상황에 따라서는 춤을 추며 놀 수 있기까지 하니 마다할 이유가 없었다.

짝짝. 느닷없는 박수소리에 고개를 돌린다. 한껏 눈살을 찌푸리고 있는 매니저의 얼굴에 움찔해서 입구 쪽을 보니 손님이 문을 열고 들어온다. 벌떡 일어나 메뉴판을 챙겨들고 손님을 자리로 안내한다. 이제 일할 시간이다.

밤 10시 전후로 테이블이 하나둘 채워지기 시작하더니, 어느새 클럽 안은 사람들로 꽉 들어찼다. 그저 좋아하는 음악이 듣고 싶어서 온 사람, 밤새도록 실컷 춤추며 놀려고 작정을 하고 온 사람, 어떻게 여자 하나 잘 꼬셔서 하룻밤 지내보려고 쉼 없이 눈알을 굴리는 남자, 괜찮은 남자 어디 없나 접근해오길 은근히 기다리며 옷매무새를 가다듬는 여자, 이제 내 눈에는 이 사람들 모두가 마치 가슴에 이름표라도 단 것처럼 유형별로 분류가 된다.

클럽을 찾은 목적도 제각각이지만 그 모습 또한 다양하다. 앳되어 보이는 수수한 차림의 대학생, 치렁치렁한 힙합 스타일의 남자아이들, 보기만 해도 아찔할 만큼 야한 옷차림을 한 여자들, 어디선가 회식을 끝내고 단체로 몰려온 넥타이부대, 이미 인사불성이 되어서 비틀거리며 계단을 내려오는 사람들…… 그런데, 어째서 손님들은 차근차근 한 테이블씩 들어차지 않고 늘 떼로 몰려오는 걸까. 나를 포함한 직원 둘에 주말 아르바이트생 하나로는 일손이 모자라 매니저까지 몸을 움직여보지만 해야 할 일은 좀처럼 줄어들지 않는다. 어디론가 훌쩍 도망가버리고 싶은 충동에 몇 번이고 휘둘린다.

시간이 지날수록 스피커의 볼륨이 더 높아지고 정신은 더 없어진다. 음악에 맞춰 몸을 흔들어대는 사람들로 플로어는 북새통을 이루고, 자정을 넘기면서 클럽 분위기는 절정에 달한다. 이쯤 되면 일하기는 차라리 수월하다. 아쉬운 사람은 술이 모자란 손님이니 우리가 직접 나설 일이 없다. 손님들이 몸소 바를 오가며 부족한 술을 채워가시니 그야말로 우습게도 주객이 전도되는 시간이다. 다소 한가로워진 틈을 타 사람들과 어울려 춤을 추기도 한다. 피곤함도 잊은 채

땀을 쏟다 보면 시간은 금새 지나간다.

　내가 손님으로 클럽을 찾아다니던 시절, 그때는 이른 밤부터 클럽이 문을 닫을 때까지 미친 듯이 춤을 추고 놀다가 클럽을 빠져나왔다. 그럴 때면 불과 몇 분 전까지만 해도 함께 몸을 부딪치며 땀흘리고 춤을 추던 사람들을 입구에서 다시 마주치곤 했는데, 대부분은 20대 초반으로 보였지만 간혹 30대로 보이는 정장 차림의 회사원도 있었다. 가만히 살펴보면 그다지 비슷한 구석도 없는 다양한 무리들이 한데 모여 그렇게 신나게 놀았다는 사실이 신기하기도 했고, 음악이라는 것이 그런 사람들을 하나로 묶어줬다는 것에 살짝 감동마저 느껴졌다. 지친 몸을 서로 맞대고 널따란 벤치에 드러누워 동이 터오는 하늘을 바라보고 있으면 갑갑하던 속이 후련했다.

　그런데 '놀러' 올 때와 '일을 하러' 올 때의 클럽은 전혀 다른 곳이 된다. 매너 좋은 단골손님이나 클럽 구경을 처음 해보는 얌전한 손님들만 찾아온다면 감사하겠지만 사정은 그렇지가 않다. 예전엔 북적거리는 틈을 타서 계산을 안 하고 도망치는 손님까지 있어서, 사태를 뒤늦게 파악하고 홍대앞 밤거리를 조깅하며 도망간 손님을 찾는 일도 있었다. 언제부턴가 선불로 계산을 하게 된 건 그 때문이었다.

　하지만 골치 아픈 문제는 그게 다가 아니었다. 화장실 세면대에 곱

홍대앞으로 와

弘大
文化

게 토사물을 채워놓는 손님은 그나마 양반이다. 테이블 위는 물론이고 소파 틈 사이에 먹은 걸 그대로 게워놓는 손님이 있는가 하면, 심지어 소변기에 당당하게 대변을 보는 손님도 많다. 그럴 땐, 별 수 있나, 고무장갑으로 무장한 채 집게와 비닐봉지, 휴지를 챙겨들고 화장실로 달려간다. 그럴 땐 정말이지 왈칵 눈물을 쏟고 싶어진다. 어디 그뿐인가! 싸울 일이 있으면 당사자들끼리 사이좋게 나가서 담판을 지을 일이지 가게 안에서 맥주병을 깨며 난동을 부려서 영업에 지장을 주는 건 도대체 무슨 심보냐 말이다.

홍대앞에서 놀고 일하면서 지내기를 어느덧 7년, 얼마 전에는 클럽에서 일을 하며 만난 여자친구와 함께 근처에 집을 얻었다. 아직은 '우리집'이 아닌 월세 주택이지만, 제법 그럴싸하게 꾸며 여느 가정집 못지않다. 여자친구는 클럽에서 매니저를 맡고 있고, 난 여전히 닥치는 대로 아르바이트를 하며 음악에 대한 미련을 버리지 못한 채 어영부영 곡 작업에 임하고 있다. 밤낮이 따로 없는 불규칙한 생활에 적응이 된 지도 오래다.

누군가에게는 어쩌다 찾으면 특별할지도 모를 이곳이 삶의 터전이 되고 나니, 예선의 분방하고 거칠 것 없음도 일상으로 다가와 딱히 색다르게 느껴질 일이 없다. 그 사람이 그 사람이고, 그 음악이 그 음악이고, 그 삶이 그 삶일 뿐이다. 그래도 아직은 20대라고, 도대체 그 20대가 뭐길래, "내일은 좀 나아지겠지. 아무렴 조금은 더 나아지겠 지"라고 되뇌며 오늘도 어제와 크게 다를 바 없는 하루를 살아간다.

새벽 4시. 그 많던 손님들은 새벽 2, 3시경부터 빠져나가기 시작해 마감 즈음에는 얼마 남지 않는다. 클럽 안을 울려대던 음악이 그치고 각 테이블 위의 조명이 밝게 켜진다. 몇 안 되는 손님들을 짧은 인사 와 함께 내보내고 빗자루를 쥐어든다. 오늘은 큰 탈 없이 무사히 하 루가 지나간 듯하다.

반갑기 그지없는 회식자리가 기다리고 있건만 몸은 들뜬 기분만큼 가볍지가 않다. 손가락 마디마디에 난 상처에 염증이 생겨 피부염으 로 고생하질 않나, 환기 시설로는 감당할 수 없는 무자비한 담배 연 기와 먼지를 이겨낼 도리가 없어 기관지염을 앓는가 하면, 피로의 누 적으로 몸이 붓기까지 한다.

무엇보다 밤낮이 바뀐 생활에 적응한다는 것 자체가 쉽지 않은 일 이다. 클럽에서 일을 하다 보면 일하는 시간 이외의 나머지 시간을 잠으로 채우기 일쑤다. 게다가 아무리 좋아하던 음악이라도 하루에 수십 번씩 몇 달 동안 듣다 보면 지겨워서 귀를 틀어막고 싶어진다. 한동안 뜸했던 아르바이트 인생 전선에 또다시 시커먼 먹구름이 끼는 듯하다.

　하지만 언제 그랬냐는 듯 나는 바짝 익지도 않은 고기를 우적우적 씹어 먹으며 허기진 배를 채우는 데 여념이 없다. 부른 배를 두드리며 '씨익' 웃고 나니 먹구름은 온데간데 없고 화창한 봄날이 따로 없다.

　언젠가 홍대앞 놀이터에 앉아 이런 생각을 한 적이 있다. '어쩌면 여긴 이루지 못한 꿈에 대한 막연한 기대감을 안고서 그 꿈과의 조우를 기다리기 위해 찾아오는, 일종의 도피처가 아닐까' 라고. 누군가에겐 그저 스스로 현실과 담을 쌓고 망가져가는 패배주의자로 보일지도 모르겠다. 그래도 난 아직까지는 매일 아침 일찍 번듯한 회사에 출근하는 직장인이 되기보다 느지막한 오후에 잠에서 깨어나도 왠지 용서될 것 같은 지금의 생활이 더할 나위 없이 좋다. 이러한 생각이 언제까지 계속될지, 아르바이트 인생이 언제까지 가능할지는 확신할 수 없다. 하지만 아직은 꿈을 이루지 못한 한 사람으로서 그 막연한 기다림이 저 멀리 다른 세상의 일로만 느껴지지는 않는다. 꿈과의 조우가 성사되는 날이 내일이 될 수도 모레가 될 수도 있다는 희망을 갖고, 남들과는 조금 다른 삶일지언정 지금보다는 좀더 부지런하게 하루하루를 살고자 발버둥칠 따름이다. 그래, 우선 내일은 일찍 일어나고 보자. 하하.

언젠가 홍대앞 놀이터에 앉아
이런 생각을 한 적이 있다.
'어쩌면 여긴 이루지 못한
꿈을 안은 채 찾아오는,
일종의 도피처가 아닐까' 라고.

홍대앞으로
와

이제원　월간 《페이퍼(Paper)》 서브리포터, 포토그래퍼 등의 일을 하면서 개인음반을 준비 중이다. 얼마 전까지만 해도 정규직 · 비정규직, 전문직 · 비전문직을 가리지 않고 필요에 따라서는 비합법적인 아르바이트조차 마다 않는 전천후 아르바이트생으로 살아왔다. 지금까지 거쳤던 아르바이트만 해도 수십(?) 개가 넘는다. 음악감상실, 사진현상소, 편의점, 당구장, 중고음반매장, 비디오방, 만화방, 호프집, 비디오대여점, 택배회사, 물류창고에서 일했으며, 프로덕션 촬영 보조, 여행사 가이드 보조, 불법 이발사(비록 친구들의 머리를 잘랐지만 돈 거래가 있었고, 수십 차례 행해졌음)로 일해왔다. 재택 아르바이트로 집에서 포장 일을 하기도 했다. www.cyworld.com/nancyboy

긍정성을
강조하라

Ac-cen-tu-ate the Positive

생성적 의미공동체
생산적 문화공동체

〉〉〉이 채 관

긍정-적인-것을 강-조-하-고
부정-적인-것을 없-애-야-한다.
긍정-적인-것을 꽉 잡고
Mr. In-be-tween과 관계하지 말아야 한다.

– 조니 머서, '긍정적인 것을 강-조-하-라Ac-cen-tu-ate the Positive' 후렴구

정체성의 모색 :
복수로서의 문화

　언젠가부터 '홍대앞'은 단지 홍익대학교 앞이라는 물리적 공간을
의미하는 보통명사에서, '새롭고 다양한 문화적 생산과 소비'가 이루
어지는 문화적 공간을 의미하는 고유명사로 자리잡아가고 있다. 그
러나 정작 홍대앞 혹은 홍대앞 문화의 정체성과 문화지향에서의 역
할과 기능, 그리고 평가에 대한 의견은 분분하다. 한편으로는 한국
소비문화의 대표적인 장소로 일컬어지는가 하면, 다른 한편으로는
새로운 문화가 생성되고 소비되는 공간으로 이해되기도 한다. 한편
으로는 인디문화의 산실로서 새로운 문화에 대한 실험이 이루어지는
랩laboratory으로 이해되어지기도 하지만, 다른 한편으로 치기 어린 아
이들이 노는, 저급한 문화적 행위가 이루어지는 공간을 의미하기도

한다. 한편으로는 세대와 계층을 포괄하는 유연하고 다양성을 지닌 공간으로 이해되는가 하면, 다른 한편으로는 스타일의 배타적 권력이 존재하는 폐쇄적 공간으로 인식되기도 한다. 마찬가지로 홍대앞이 제국주의 문화의 유입이 최초로 이루어진 식민화된 공간으로 인식되어지는가 하면, 수용의 과정에서 변이와 자기화의 과정을 거치면서 새로운 문화를 생산해내는 공간으로 인식되기도 한다.

이러한 자의적이고 다중적인 의미를 둘러싼 투쟁meaning struggle은 홍대앞이 그 정체성을 한마디로 표현할 수 없는 공간임을 우회적으로 설명해준다. 다양한 주체들이 다양한 스타일을 지닌 채 표현되는 홍대앞의 문화적 일상은 최근 카우치 사건 등을 통해 언론에게 집중적으로 주목받아왔다. 그러나 특정한 사건을 중심으로 언론에 의해 의미가 구성된 양상이 실제 존재하는 홍대 앞의 모습과 상당한 차이를 보인다.

홍대앞의 문화가 인상비평의 방식으로 소비문화, 퇴폐적 문화 혹은 존재해서는 안 될 문화처럼 다루어지는 모습은 언론들이 얼마나 인상적 수준에서 글쓰기를 하고 있으며, 실재적 모습과는 얼마나 다르게 자의적으로 의미를 재구성하는가를 보여준다. 그들의 센세이션 저널리즘sensation journalism은 홍대앞의 실재적 모습에 대한 이해보다는 피상적이고 사건 중심적으로 의미를 구성하려는 게으른 저널리즘의 전형을 보여준다.

홍대앞은 1950년대부터 홍익대 미대생들이 중심이 되어 작은 '작업실'이라는 문화적 공간들을 만들면서 시작되었다. 그리고 1986년에 산울림 소극장이 세워지고, 1992년에는 '발전소'를 시작으로 클럽이 생기기 시작한다. 2001년에는 서울프린지페스티벌이 홍대앞으로 옮겨오고 상업자본이 유입되면서 클럽의 대형화가 이루어진다. 지금은 다종다양의 문화시설과 라이브 클럽, 댄스 클럽, 갤러리 및 문화단체와 활동가들이 홍대앞의 모습을 구성하고 있다. 즉, 1950년대부터 시작하여 '문화적' 감수성이 박약한 시대에 몇몇 사람들이 작업실을 술집 삼아 드나들면서, 이야기방 삼아 카페를 만들면서, 그리고 기존과는 다른 방식으로 놀 수 있는 클럽을 만들면서 자생적으로 구성된 공간이다.

인터넷 문화가 발달하지 않은 시대에 그리고 검열의 시대에 아름아름 서구 혹은 일본의 애니메이션과 영화를 보면서 자기만의 취향을 성장시켜온 공간이기도 하다. 의도적으로 계획된 공간이 아니기에, 그들의 자생성은 술자리로, 토론으로, 그리고 새로운 문화적 감수성의 획득으로 이어졌고, 새로운 실험들이 이루어졌다. 이러한 실험을 통한 새로운 '문화'가 지금의 많은 문화산업 혹은 문화생산의 현장에서 현실화되고 있으며, 이미지 생산자로서 영화감독으로서 문화기획자로서 혹은 여타 영역에서 일하는 활동가로서 많은 사람들이 홍대앞의 역사에 기반해 성장하였다.

홍대앞은 다른 종류의 다양한 기억들이 공존하는 공간이다. 영화를 만드는 사람들이 둘레둘레 모여 앉아 이런저런 이야기를 나누며 구시렁거리고 자기의 문화적 감수성을 확인받는 공간인가 하면, 미술을 하는 사람들이 둘러앉아 자기 작품에 대한 이야기를 나누고 소통하는 공간임은 물론이고, 수많은 디자이너들이 '새로움'이란 화두를 두고 술잔을 기울이는 공간이기도 하다. 다양한 공공미술가 혹은 작가들이 사회적 필요와 문화적 요구를 어떤 방식으로 표현할 것인가를 꿈꾸는 공간인가 하면, 수많은 젊은이들의 연애담이 오가는 공간이기도 하다.

홍대앞은 기억의 저장소로서 기억을 먹고 자라나는 나무인 것이다. 홍대앞의 문화는 많은 이들이 삶의 힘으로 키워낸, 사소한 이야기로 구성된, 그리고 많은 이들의 기억을 먹고 자란 자랑스러운 나무인 것이다.

홍대앞 문화의 정체성은 다중적이고 복합적이며 이종교배적이다. 더 이상 하나의 문화culture로 설명되어질 수 없는 다양한 문화cultures가 존재하는 유기적 공간이다. 홍대앞의 문화는 생산과 소비가 동시에 이루어지는 공간이면서, 다종의 문화적 자원이 만나고 헤어지는 카오스적Chaotic 문화이다. 흔히 언론에서 말하는 소비가 아닌 생성의 에너지가 흐르고, 이러한 에너지가 다른 흐름들과 만나 새로운 문화를 생산해내는 창조의 문화공간이다. 홍대앞의 문화가 하나의 정체성을 지니지 않았기에 새로운 문화를 만들어낼 수 있는 것이다. 실험실이며, 공장이며, 사회적 담론과 개인의 창조성이 교차 편집되어지는 생성의 공간인 홍대앞은 긍정성을 그 힘으로 하고 있다. 비판이 아닌 자기긍정성에 기반한 생성의 문화가 자라나고 있다.

다중적 모습들 : 밤과 낮, 소비와 생산, 그리고 매개자

홍대앞은 흔히 말하는 단선적인 공간이 아니다. 다층적이면서 다양한 의미들이 교차하는 복합적 공간이다. 다양한 주체들과 공간들이 시간을 달리하며 다른 스타일과 다른 방식으로 문화를 생산하고 소비하고, 서로의 차이를 교배시키면서 새로운 문화적 가치를 창출하는 생성의 공간이다. 이러한 홍대앞의 모습은 무릇 밖에서 보는 모습과는 상당히 다른 양상을 띤다. 서로 다른 관심과 요구와 필요가

홍
대
앞
으
로

와

弘大
文化

중첩되고 만나 그들만의 스타일을 생산하고 감수성을 공유하는 곳이
다. 홍대앞의 일상을 상상해보자.

어제의 광란과 호기 어린 자기표현의 시간이 지난 홍대앞의 아침
은 스산하리만큼 쓸쓸한 표정을 짓고 있다. 해가 중천에 뜨면, 누군
가는 한적한 거리를 거닐며 고개를 숙이고 자기연민을 느끼는 사람
처럼 걷고 있는가 하면, 카페 구석에서 글을 쓰고 있는 시인의 형상
을 한 사람, 시나리오 작가처럼 보이는 푸석푸석한 얼굴의 사람, 에
스프레소를 앞에 두고 멍한 눈을 들어 하늘을 바라보는 이들은 홍대
앞 곳곳에서 마치 남인 듯, 그러나 너무도 익숙한 모습으로 앉아 자
기들만의 세계들을 만들어가고 있다. 한밤의 열정이 낮의 평화로움
을 만들어내고 있는지도 모르겠다.

카페에서의 지루함을 견디기 힘든 사람은 홍대앞 곳곳에 산재해
있는 대안공간으로 스며든다. 새로운 시각적 실험이 이루어지는 공
간임과 동시에 새로운 사람을 자연스럽게 만나는 공간이기도 하다.
홍대앞 미술은 상업화랑의 틀에서 벗어나 비상업적, 대안적 공간으
로 중심축을 옮겨가고 있다. 대안공간은 작가가 지닌 스타일과 감수
성을 철저하게 보장하는 태도를 지닌다. 사소한 것에 의미를 부여하
고 스타일을 만들어가는 모습은 철저하게 자율성이라는 기만 위에서

성장한다. 자율성과 창조성 그리고 개성에 대한 존중이 홍대앞의 새로운 문화를 구성하는 힘으로 작용하고 있다.

저녁 6시가 넘어가면, 멋을 한껏 부린 젊은이들이 종횡부진 화려한 클럽과 거리를 휩쓸고 다니는 역동적인 에너지가 홍대앞의 밤풍경을 만들어낸다. 과잉된 표현과 스타일은 새로운 낯설음과 함께 경외감을 가져다주기도 하고, 서로를 응시하는 눈빛은 구애 어린 감성적 교감을 나누기도 한다. 육체는 흐트러지고 각인된 이성은 느슨해진다. 새로운 감성이 생성되는 순간이다. 홍대앞에서는 다양한 음악 장르들이 실험되고 연주된다. 음악과 무용 그리고 영상이미지의 결합을 시도하는 몇몇 클럽들의 모습도 보인다. 이제, 음악과 영상 그리고 육체를 새로운 공간에서 새로운 방식으로 소비하는 그들의 모습은 낯설기까지 하다. 작지만 의미 있는 스타일을 만들기 위해 노력하는 그들은 문화생산자로 불리기에 부족함이 없다. 새로운 예술이 탄생하는 시점이다.

낮과 밤 문화의 확연한 차이를 보여주는 홍대앞은 굉장히 매력적인 공간이다. 낮에는 일상적이면서도 한가로운 문화적 소비가 이루어지는 공간인가 하면, 밤에는 낯선 풍경이 경이로움을 제공하는 곳이다. 그러나 사람들은 이러한 홍대앞 일상을 구성하는 다양한 모습을 묘사하기보다, 홍대앞 밤 문화의 부정적이고 특정한 면만을 주목하는 데 관심이 있어 보인다. 그리하여 홍대앞 문화에 대한 사람들의 인식이 언론이 만들어낸 환영에 머물러 있는 모습을 보곤 한다. 다시 말해 대형화되어 있는 클럽의 문화에만 주목한 나머지, 새로운 스타일을 만들고 새로운 장르를 구현하려는 클럽의 자생적이고 반성적인 노력은 물론이고, 작은 라이브 클럽에서 이루어지는 실험들과 문화적 생산에 대해서는 관심을 두지 않는다. 일상적으로 이루어지는 공공성과 예술성 그리고 창조성이라는 담론에 대한 사람들의 고민들을 포착해내지 못한다. 예술의 사회적 역할과 기능에 대한 긴 토론을 보지 못하고, 문화정치와 미시적 의미 실천에 대한 관심들을 보지 못한다. 실제로 존재하는 홍대앞의 일상과 외부적 시각에서 묘사되어지는 홍대앞의 모습은 상당히 다르다.

너무나 당연하게도 문화의 생산적 활동 없이는 문화적 소비 역시 존재하지 않는다. 문화적 생산과 소비는 순환적이다. 생산에 기반한 일상적 활동이 없으면 소비문화로 일컬어지는 밤의 문화 역시 존재할 수 없다. 홍대앞에서 많은 사람들이 즐기는 문화적 감수성들은 다양한 '새로운 문화'의 생산자들이 오랫동안 애쓴 결과이며, 새로운 감수성은 다시 그들에 의해 만들어진다. 홍대앞 문화의 역동성은 새로운 감수성에 기반한 문화생산과 새로운 소비의 방식이 공존하는 공간이기에 가능하다.

문화실험공간 그리고 문화산업

 앞서 말했듯이 홍대앞의 문화를 클럽문화로만 인식하거나, 소비의 문화가 집중되어 있는 곳으로 이해하는 모습들을 종종 본다.

 특히, 언론들이 다루거나 주목하는 것은 홍대앞 문화의 긍정성보다는 탈맥락화된 '사건'으로서, 물론 그러한 것들이 그들이 홍대앞의 문화를 피상적으로 인식하는 데 결정적인 역할을 해왔던 것이 사실이다. 그러나 홍대앞은 굉장히 다양한 스펙트럼을 지닌 사람들이 서로 교차하면서 의미를 구성하는 의미공동체로 존재한다. 서로 상이한 장르와 관심들이 있지만, 이성적 언어로 설명되지 않는 의미를 공유한 공동체인 것이다. 그들은 자신들의 행위가 언어로 설명되기를 거부하고 있다. 홍대앞은 의미공동체인 것이다.

 홍대앞에는 클럽뿐 아니라 출판기획가 및 편집인, 출판사, 방송드라마를 제작하는 회사, 공공미술가, 실험예술가, 문화기획자, 문화예술교육단체, 공공가구 디자이너, 전시 디자이너, 그래픽 디자이너, 웹 디자이너, 대중음악가, 작곡가, 애니메이션 작가, 미술작가, 영화제작자 등 다양한 개인과 법인들이 상호 시너지를 발휘하면서 공존하고 있는 문화생산의 공간이다. 또한 일상적인 문화적 소비가 이루어지는 공간이며, 생산과 소비를 '의미 있게' 맥락지우고 소통시키는

홍
대
앞
으
로

와

다양한 문화기획자들이 살아가고 있는 공간이다. 이러한 다양한 문화 '일꾼'들은 새로운 문화를 창조하고 감수성을 발현하면서 문화산업의 새로운 아이디어를 공급하는 원천으로 기능하고 있다.

문화산업은 인프라와 하드웨어 그리고 문화생산자와 소비자들이 서로의 필요와 연관을 구성해가면서 발전한다. 국가적 차원에서의 적절하면서도 의미 있는 지원은 물론이고, 생산자와 소비자 그리고 매개자들의 자발적 자기투여의 과정을 통해 새로운 문화를 구성해가는 것이기도 하다. 이러한 맥락에서 볼 때, 홍대앞은 미래의 한국 문화산업의 발전을 꽃피우는 잠재적인 역량을 지닌 공간이다. 따라서 '문화지구'로 지정하자는 말이 언급되는 것은 너무나도 당연하다. 그러나 기존의 관 중심의 문화지구 지정이 홍대앞이 지닌 자율성과 창조성 그리고 자기의사결정력이라는 공유된 가치를 훼손하거나, 그 가치가 외삽되어질 때 발생되는 결과에 대한 우려는, 문화지구 지정보다는 '의미 있는' 지원이라는 새로운 방식을 요구하고 있다. 즉, 자율성과 자기결정성을 훼손하지 않는 다른 방식의 지원을 우회적으로 요구하고 있는 것이다. 빈곤한 상상력에 기반한 문화산업은 새로운 가치를 만들어내기 힘들뿐 아니라 미래를 재맥락화할 수 있는 구성적 설정력의 빈곤에 허덕일 뿐이다. 홍대앞은 한국의 문화산업을 이끌어가는 인적 자산들이 모여 있는 자생적 문화실험공간인 것이다.

자유학교를 꿈꾸는 의미공동체

　홍대앞은 다양한 스타일들이 공존하는 장소이면서도 새로운 문화
적 흐름을 만들어가는 공간이다. 흔히 말하는 명품으로 치장하는 소
비보다는 자기만의 문화적인 감수성을 드러내기 위한 소비가 이루어
진다. 다른 한편으로, 그들은 새로운 스타일을 만들어내기도 한다.
곳곳에서 천을 자르고 이미지를 조합하고 새로운 감수성과 스타일을
담은 패션을 만들어내고 있다. 이러한 옷들은 거리에서 혹은 작은 가
게에서 사람들과 만난다. 스타일이 없는 소비는 더 이상 그들에게 소
비가 아니다. 기호를 가지지 않는, 자기의 정체성을 표현하지 않는
문화적 소비는 낭비일 뿐이다. 스타일을 지닌 생산적 소비가 일상적
으로 이루어지는 곳이 홍대앞의 문화다.

　이러한 일상적 생산은 자본주의적 대량생산의 체계와는 다른 독특
한 방식으로 이루어진다. 흔히 말하는 프로슈머로 설명되어질 수 없
는 다양한 문화적 장르들의 융합과정을 통해 구성되어지는 것이다.
창의성과 개인성 그리고 직감에 의존하는 그들만의 생산방식은 놀이
이며, 놀이의 결과로 새로운 스타일이 생산되어진다. 홍대앞은 대량
생산이 아닌, 그렇다고 시장을 전제로 하는 소량생산도 아닌 놀이의
결과로서 드러나는 문화적 산물로 우리 앞에 놓여져 있는 것이다.

홍대앞으로 와

弘大
文化

과거, 생산에 대한 의미의 과잉으로 비롯되어지는 상상력의 관성적 빈곤에서 벗어나 다양한 놀이와 스타일 그리고 자기결정력이 빚어내는 홍대앞의 문화적 양상들은 대중적 관심과 창조적 실험 사이를 오가는 '자유'로움의 결과이다. 홍대앞의 문화는 '자유' 학교를 꿈꾸는 학교공동체이기도 하다. 서로 배우고 나누지만 다른 이의 상상력을 억압하지 않는다. 그들은 타인들의 세계인식 방법과 문화적 감수성을 인정할 뿐, 나의 것으로 강요하지 않는다.

탈맥락화와 재맥락화, 해체와 재구성 : 문화적 다양성의 의미 있는 결합

나는 홍대앞에서 문화기획자로 살아가면서 다종다양의 스타일을 지닌 많은 사람들을 만나왔다. 특히, 홍대앞에 많은 출판사들과 그것과 연관된 디자이너, 일러스트 작가들이 하나의 경제문화적 공동체를 구성하면서 한국 출판의 흐름을 만들어가는 모습을 보면서 상당히 고무된 적이 있었다. 즉, 상상력의 원천적 아이디어와 내러티브의 다양성을 제공해줄 뿐 아니라 자기성찰적 태도를 위한 인문학적 자산들을 제공해주는 출판사들, 특히 단행본 출판사들이 홍대앞에서 왕성하게 활동하며 다른 문화구성원들과 끊임없는 연계사업을 구성하고 있는 모습을 통해, 장차 문화공동체 혹은 자족적 문화경제 공동체의 모습을 가꾸어갈 수 있는 가능성을 본 것은 가슴 설레는 일이었다.

문화를 기획한다는 것은 기존 문화의 의미를 해석하고, 새로운 의미로 재구성해내는 끊임없는 맥락화 과정의 연속이다. 탈맥락화와 재맥락화, 해체와 재구성이 새로운 문화를 생성해내는 에너지이다. 홍대앞 문화의 이러한 인식에 기반하여 준비한 제1회 서울와우북페스티벌에서 나는 무엇을 기대했던가?

문화가 경제논리에 함몰되지 않고, 책과 책의 문화 그리고 책과 함께 상상할 수 있는 그 모든 것이 존재하는 새로운 형식의 페스티벌의 필요성이 반영된 이번 와우북페스티벌은 기획 과정에서 크게 세 가지의 특징을 지니고 있다.

그중 하나는 참여형 페스티벌이다. 홍대앞의 다양한 문화 주체들 — 출판뿐 아니라 디자이너, 일러스트 작가, 뮤지션, 문화기획자, 공공미술가 등 — 이 함께 만들어가는 축제이다. 또한 갤러리, 카페, 극장 등의 다양한 문화적 공간들의 자발적 참여를 통한 축제의 구성이 기획 원리 중의 하나이다. 이는 기존 축제가 중앙집권적이고 관 중심으로 이루어지던 양상과는 굉장히 다른 모습을 만들어낸다. 즉,

문화적 상상력을 지닌 다양한 주체들의 자발적 참여에 기반한 축제 모델의 개발이 이번 와우북페스티벌이 지향하는 중요한 모토인 것이다.

와우북페스티벌의 다른 하나의 특징은 네트워크형 축제라고 불린다는 것인데, 다양한 문화적 자산과 상상력을 지닌 단체와 모임, 동호회들의 적극적이고 자발적인 동의에 기반한 축제라는 것이다. 즉, 의미의 공유를 전제로 한 단체와 동호회들의 자발적 참여가 이 축제의 다른 특징 중의 하나다.

마지막으로 기존의 책과 관련된 행사나 전시들은 시장에 기반한 것 즉, 상업적 성격만을 강조한 것이 대부분이었다. 우리가 익히 아는 프랑크푸르트도서전도 세계의 다양한 책들이 상품으로 교류될 수 있도록 마련된 것이지만, 정작 책이 지닌 '문화'에 주목하는 행사들은 거의 전무하다. 따라서 이번 와우북페스티벌은 책과 책 문화, 그리고 책이 지니는 능동적 상상력과 다양성에 주목하는 페스티벌형 축제의 모습을 지닌다. 상품으로 책이 유통 소비되는 측면 역시 중요하지만, 이번 전시는 책의 문화적인 측면들에 주목하였다.

이러한 서울와우북페스티벌은 홍대앞의 다양한 문화적 주체들의 형성과 그들의 끊임없는 실험 그리고 새로운 의미를 생산하려는 노력의 결실이다. 홍대앞은 마치 새로운 문화를 흡수하고 새로운 의미를 구성하는 하나의 용광로처럼, 새로운 실험들과 상상이 가능한 문화 '해방구' 로서의 잠재적인 에너지를 지니고 있는 몇 안 되는 곳이다. 이러한 에너지들이 긍정적인 힘으로 작용하여, 새로운 문화적 흐름들을 구성해낸다면, 문화산업이 생산해내는 이데올로기적이고 몽환적인 이미지의 세계에서 벗어나 보다 긍정적이고 생명력 있는 문화를 구성해내는 데 일조할 수 있지 않을까 하는 생각을 해본다.

긍정성을 강조하라 : 홍대앞, 생성적 의미공동체

홍대앞은 결코 소비의 공간이 아니다. 새로운 상상과 경험이 공유되면서 새로운 문화적 결과들을 잉태하는 생성의 공간이며 미래적 공간이다. 새로운 문화적 코드를 생성하는 자생의 공간이며 문화적 감수성을 공유한 꼬뮨적 공간이다. 서로 이질적인 것들이 충돌하고 접합되면서 전혀 새로운 가치를 창출하는 가치의 공간이기도 하다. 이러한 공간이 언론의 표피적 인상비판으로 인해 '소비문화' 의 중심으로 의미부여되는 것은 온당치 않다. 누군가가 말했듯이, 이때 '당신 홍대앞에서 한번 놀아봤어?' 라는 질문은 유효하다. 홍대앞 문화

홍대앞으로 와

弘大
文化

주체들은 공간을 점유하긴 하지만 소유하려 하진 않으며, 자기를 드러내는 데 주저하지 않는다. 적은 돈으로 의미를 생성하기 위해 동분서주하는 당대의 문화 전위조직인 것이다.

기존의 인디 혹은 독립의 담론들이 자본주의적 질서와 위계에 의한 사회적 가치의 일방적 부과에 저항하는 새로운 실천으로서의 지침을 가져다주었다면, 지금의 홍대앞 문화 주체들은 자본주의적 윤리와 가치를 거부하거나 직접적으로 싸우지 않는다. 다만 비켜갈 뿐이다. 무시할 뿐이다. 비켜가면서 새로운 가치를 생성하려는 노력이 그들의 육체 속에 '스타일'로 혹은 삶에 대한 '태도'로 존재한다. 기존의 운동이 관료화되고 권력화된 집단들을 하나의 변혁과 변화의 대상으로 상정했다면, 지금 벌어지고 있는 홍대앞의 문화 주체들은 '기성'의 가치를 무시하고 새로운 가치를 생성하려는 노력을 할 뿐이다. 더 이상 대상화된 비판이 아닌 문제의식의 자기화 과정을 태도로서 견지한다. 생산을 통한 문화적 가치와 윤리의 재구성을 꿈꾸고 있는 그들은 비판을 넘어 새로운 가치와 스타일을 창조하는 문화 생산자로서 기능하고 있는 것이다.

이제 홍대앞의 문화를 이야기할 때 긍정성을 강조하여야 한다. 새로운 문화와 감수성을 생산해내는 우리 공동의 자산으로 이해하여야 한다. 홍대앞 문화에 대한 부정적 인식은 문화의 자기결정력에 대한 지나친 비관에서 비롯되어진 것이다. 생산적이고 능동적 주체로서 새로운 문화를 생산하려는 끝없는 실험과 새로운 방식의 소비가 공존하는 홍대앞 문화는 자생적 문화생태계를 구성해가는 힘을 지닌 유기적 존재로 성장해가고 있다.

이제 긍정성을 강조하라. 몇몇 비평가 혹은 언론에서 보이는 부정성에 대한 집착은 홍대문화를 대상적으로 바라보는 국외자적인 태도일 뿐이다. 새로운 문화의 생산은 긍정에 대한 강조에서만 가능하다.

이채관 홍익대학교를 다닐 때에만 해도 영국 에든버러페스티벌에 버금가는 책 축제를 꿈꾸며 홍대앞에서 '와우북페스티벌'을 기획하고 진행하게 될 줄은 몰랐다. 영국에서 문화연구를 공부하고 귀국한 뒤 '일상의 예술화'를 모토로 공익적 축제를 기획하기 위해 '시월네트워크'라는 기획사를 차렸지만 뜻을 이루지 못하고 현재는 방향을 약간 틀어 해외 대형 전시회나 지방 축제를 컨설팅해주고 있다. 처음 세운 뜻에 약간의 수정이 가해지긴 했지만 그는 여전히 꿈을 꾸고 있다. 홍대문화라 불리는 홍대앞에 문화적 다양성이 필요하다고 믿기에 그 한 역할을 톡톡히 하고자 한다. 2회, 3회…… 와우북페스티벌이 횟수가 서듭될수록 진정한 무화의 힘을 발산하는 한판 잔치가 될 수 있도록, 꿈 가꾸기에 여념이 없다. 현재 '시월네트워크'와 '시월시네마'의 내표로 매일 바쁘게 지낸다.
chaikwan@naver.com ceo@siwall.com